GEDICHTE FÜR

EIN GUTES LEBEN

GEDICHTE FÜR EIN GUTES LEBEN

Herausgegeben von
Dirk von Petersdorff

C.H.Beck

Grundlage für die Zusammenstellung der hier versammelten Gedichte war «Der ewige Brunnen. Deutsche Gedichte aus zwölf Jahrhunderten», gesammelt und herausgegeben von Dirk von Petersdorff, München: C.H.Beck, 2023.

Für diese Ausgabe:

www.chbeck.de
Einbandgestaltung: Kunst oder Reklame, München
Einbandabbildung und Innenabbildungen: © AdobeStock, Ilja Podoprigorow
Satz: Fotosatz Amann, Memmingen
Druck und Bindung: Pustet, Regensburg
Gedruckt auf säurefreiem und alterungsbeständigem Papier
Printed in Germany
ISBN 978 3 406 82474 6 / Best.-Nr. 34389

myclimate shape our future

MIX
Papier | Fördert gute Waldnutzung
FSC® C014889
FSC www.fsc.org

verantwortungsbewusst produziert
www.chbeck.de/nachhaltig

Inhalt

Vorwort

Der Titel dieses Buches könnte Fragen hervorrufen: Was heißt es denn, ein «gutes Leben» zu führen, und wieso braucht man dazu Gedichte? Was ein gutes Leben ausmacht, soll hier natürlich nicht festgelegt werden, aber wer darüber nachdenkt, führt das Leben bereits bewusst. Er oder sie fragt sich nämlich, ob es gelungen ist, sich richtig anfühlt, verantwortbar ist oder vielleicht zu ändern wäre – und es gibt weitere Fragen dieser Art, die wir uns manchmal stellen. Ein «gutes Leben», das kann man auf sich selbst beziehen, als für mich gut verstehen, oder man kann es im Rahmen einer zwischenmenschlichen Verbindung oder auch im Blick auf ein großes Ganzes suchen.

All das und noch viel mehr geschieht in den Gedichten dieses Buches. In ihnen lernen wir andere Menschen kennen in ihrer Art zu fühlen, zu denken und zu lieben. Daher heißt das erste Kapitel «Menschenkenntnis». Ebenso lässt sich zum Beispiel mitvollziehen, wie Menschen versucht haben, innere Ruhe zu finden, davon handelt das letzte Kapitel. Gedichte sind zwar keine Ratgeber und geben keine Gebrauchsanweisungen, aber sie bereichern ihre

Leserinnen und Leser, lassen sie etwas vorher Unbekanntes entdecken, erweitern unsere Perspektive auf die Welt und lassen uns vollständiger werden, so die Hoffnung, die in dieser kleinen Gedichtauswahl steckt.

Hervorgegangen ist die Auswahl aus einer großen, mehr als tausendseitigen Sammlung mit dem Titel «Der ewige Brunnen». Sie ist zuerst in den 1950er-Jahren erschienen, 2023 dann in einer umfassenden Neuausgabe. Darin finden sich Kapitel wie «Kindheit», «Jugend», «Höhen und Tiefen der Liebe», «Ermutigung und Trost», «Feste feiern», «Vergänglichkeit» und viele andere. Ein Kapitel zum guten Leben gibt es dort nicht, es ist neu für dieses Buch zusammengestellt worden. Zur Idee des «Ewigen Brunnen» passt es allerdings sehr gut, denn diese geht ursprünglich auf einen Impuls Goethes zurück, der Gedichte nach Themen und Lebenssituationen zu einem ‹Volksbuch› ordnen wollte. Die Gedichte darin sollten keine Lehre vermitteln, erklärte er, sondern Gefühl und Gemüt bewegen, und sie könnten auch auf den «Charakter» der Leser wirken – darin steckt schon die Vorstellung des ‹guten Lebens›.

Ebenso wie der große «Ewige Brunnen» ist auch diese handliche Ausgabe offen für alle Formen und Tonfälle. Hier finden sich der heilige Ernst Friedrich Hölderlins und die Scherze Robert Gernhardts, die ebenfalls zur Verbesserung des Menschen beitragen wollen («Gesetzt den Fall, ihr habt ein Schaf gekränkt …»). Die thematische Spannweite reicht von Menschen, die in beengten Verhältnissen nachts am Küchenherd für die Schule lernten, bis hin zu Menschen, die das Vorgefühl einer Auferstehung empfanden – so im ersten und im letzten Gedicht. In diesem Sinn soll das kleine Buch dabei helfen herauszufinden, wie sich gut leben lässt.

Jena, im Frühling 2024 *Dirk von Petersdorff*

MENSCHENKENNTNIS

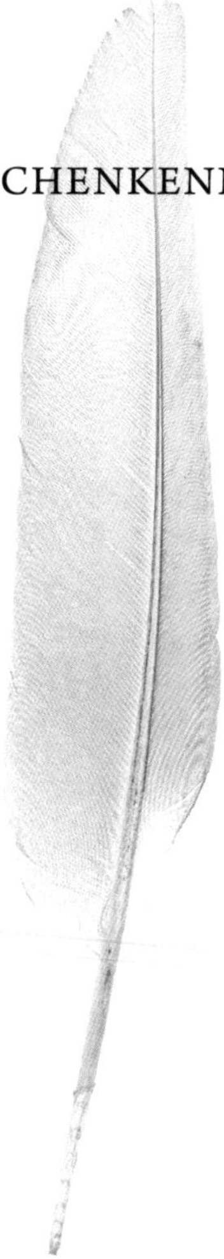

MENSCHEN GETROFFEN

Ich habe Menschen getroffen, die,
wenn man sie nach ihrem Namen fragte,
schüchtern – als ob sie gar nicht beanspruchen könnten,
auch noch eine Benennung zu haben –
«Fräulein Christian» antworteten und dann:
«wie der Vorname», sie wollten einem die Erfassung
erleichtern,
kein schwieriger Name wie «Popiol» oder
«Babendererde» –
«wie der Vorname» – bitte, belasten Sie Ihr
Erinnerungsvermögen nicht!

Ich habe Menschen getroffen, die
mit Eltern und vier Geschwistern in einer Stube
aufwuchsen, nachts, die Finger in den Ohren,
am Küchenherde lernten,
hochkamen, äußerlich schön und ladylike wie
Gräfinnen –
und innerlich sanft und fleißig wie Nausikaa,
die reine Stirn der Engel trugen.

Ich habe mich oft gefragt und keine Antwort gefunden,
woher das Sanfte und das Gute kommt,
weiß es auch heute nicht und muß nun gehn.

Gottfried Benn

ACH, WIE SOLLEN WIR die kleine Rose buchen?
Plötzlich dunkelrot und jung und nah?
Ach, wir kamen nicht, sie zu besuchen.
Aber als wir kamen, war sie da.

Eh sie da war, ward sie nicht erwartet.
Als sie da war, ward sie kaum geglaubt.
Ach, zum Ziele kam, was nie gestartet.
Aber war es so nicht überhaupt?

Bertolt Brecht

AUF WAS NUR EINMAL IST

Für Heinrich Maria Ledig-Rowohlt

Manchmal fragt man sich: ist das das Leben?
Manchmal weiß man nicht: ist dies das Wesen?
Wenn du aufwachst, ist die Klappe zu.
Nichts eratmet, alles angelesen,
siehe, das bist du.

Und du denkst vielleicht: ich gehe unter,
bodenlos und fürchterlich –:
Einer aus dem großen Graupelhaufen,
nur um einen kleinen Flicken bunter,
siehe, das bin ich.

Aber dann, aufeinmalso, beim Schlendern,
lockert sich die Dichtung, bricht die Schale,
fliegen Funken zwischen Hut und Schuh:
Dieser ganz bestimmte Schlenker aus der Richtung,
dieser Stich ins Unnormale,
was nur einmal ist und auch nicht umzuändern:
siehe, das bist du.

Peter Rühmkorf

AM TURME

Ich steh auf hohem Balkone am Turm,
Umstrichen vom schreienden Stare,
Und laß gleich einer Mänade den Sturm
Mir wühlen im flatternden Haare;
O wilder Geselle, o toller Fant,
Ich möchte dich kräftig umschlingen,
Und, Sehne an Sehne, zwei Schritte vom Rand
Auf Tod und Leben dann ringen!

Und drunten seh ich am Strand, so frisch
Wie spielende Doggen, die Wellen
Sich tummeln rings mit Geklaff und Gezisch
Und glänzende Flocken schnellen.
O, springen möcht ich hinein alsbald,
Recht in die tobende Meute,
Und jagen durch den korallenen Wald
Das Walroß, die lustige Beute!

Und drüben seh ich ein Wimpel wehn
So keck wie eine Standarte,
Seh auf und nieder den Kiel sich drehn
Von meiner luftigen Warte;
O, sitzen möcht ich im kämpfenden Schiff,
Das Steuerruder ergreifen
Und zischend über das brandende Riff
Wie eine Seemöwe streifen.

Wär ich ein Jäger auf freier Flur,
Ein Stück nur von einem Soldaten,
Wär ich ein Mann doch mindestens nur,
So würde der Himmel mir raten;
Nun muß ich sitzen so fein und klar,
Gleich einem artigen Kinde,
Und darf nur heimlich lösen mein Haar
Und lassen es flattern im Winde!

Annette von Droste-Hülshoff

JOHN MAYNARD

John Maynard!
«Wer ist John Maynard?»

«John Maynard war unser Steuermann,
Aus hielt er, bis er das Ufer gewann,
Er hat uns gerettet, er trägt die Kron,
Er starb für uns, unsre Liebe sein Lohn.
John Maynard.»

—

Die «Schwalbe» fliegt über den Eriesee,
Gischt schäumt um den Bug wie Flocken von Schnee,
Von Detroit fliegt sie nach Buffalo –
Die Herzen aber sind frei und froh,
Und die Passagiere mit Kindern und Fraun
Im Dämmerlicht schon das Ufer schaun,
Und plaudernd an John Maynard heran
Tritt alles: «Wie weit noch, Steuermann?»
Der schaut nach vorn und schaut in die Rund:
«Noch dreißig Minuten ... Halbe Stund.»

Alle Herzen sind froh, alle Herzen sind frei –
Da klingt's aus dem Schiffsraum her wie Schrei,
«Feuer!» war es, was da klang,
Ein Qualm aus Kajüt und Luke drang,
Ein Qualm, dann Flammen lichterloh,
Und noch zwanzig Minuten bis Buffalo.

Und die Passagiere, buntgemengt,
Am Bugspriet stehn sie zusammengedrängt,
Am Bugspriet vorn ist noch Luft und Licht,
Am Steuer aber lagert sich's dicht,
Und ein Jammern wird laut: «Wo sind wir, wo?»
Und noch fünfzehn Minuten bis Buffalo.

Der Zugwind wächst, doch die Qualmwolke steht,
Der Kapitän nach dem Steuer späht,
Er sieht nicht mehr seinen Steuermann,
Aber durchs Sprachrohr fragt er an:

«Noch da, John Maynard?»
«Ja, Herr. Ich bin.»
«Auf den Strand! In die Brandung!»
«Ich halte drauf hin.»
Und das Schiffsvolk jubelt: «Halt aus! Hallo!»
Und noch zehn Minuten bis Buffalo.

«Noch da, John Maynard?» Und Antwort schallt's
Mit ersterbender Stimme: «Ja, Herr, ich halt's!»
Und in die Brandung, was Klippe, was Stein,
Jagt er die «Schwalbe» mitten hinein.
Soll Rettung kommen, so kommt sie nur *so*.
Rettung: der Strand von Buffalo!

—

Das Schiff geborsten. Das Feuer verschwelt.
Gerettet alle. Nur *einer* fehlt!

—

Alle Glocken gehn; ihre Töne schwelln
Himmelan aus Kirchen und Kapelln,
Ein Klingen und Läuten, sonst schweigt die Stadt,
Ein Dienst nur, den sie heute hat:
Zehntausend folgen oder mehr,
Und kein Aug im Zuge, das tränenleer.

Sie lassen den Sarg in Blumen hinab,
Mit Blumen schließen sie das Grab,
Und mit goldner Schrift in den Marmorstein
Schreibt die Stadt ihren Dankspruch ein:

«Hier ruht John Maynard! In Qualm und Brand
Hielt er das Steuer fest in der Hand,
Er hat uns gerettet, er trägt die Kron,
Er starb für *uns*, unsre Liebe sein Lohn.
John Maynard.»

Theodor Fontane

HASS, ALS MINUS und vergebens,
wird vom Leben abgeschrieben.
Positiv im Buch des Lebens
steht verzeichnet nur das Lieben.
Ob ein Minus oder Plus
uns verblieben, zeigt der Schluß.

Wilhelm Busch

DER KIRSCHDIEB

An einem frühen Morgen, lange vor Hahnenschrei
Wurde ich geweckt durch ein Pfeifen und ging zum Fenster.
Auf meinem Kirschbaum – Dämmerung füllte den Garten –
Saß ein junger Mann mit geflickter Hose
Und pflückte lustig meine Kirschen. Mich sehend
Nickte er mir zu, mit beiden Händen
Holte er die Kirschen von den Zweigen in seine Taschen.
Noch eine ganze Zeitlang, als ich wieder in meiner
Bettstatt lag
Hörte ich ihn sein lustiges kleines Lied pfeifen.

Bertolt Brecht

AN SICH

Sei dennoch unverzagt. Gib dennoch unverloren.
Weich keinem Glücke nicht. Steh' höher als der Neid.
Vergnüge dich an dir, und acht es für kein Leid,
hat sich gleich wider dich Glück', Ort, und Zeit
verschworen.

Was dich betrübt und labt, halt alles für erkoren.
Nimm dein Verhängnis an. Laß' alles unbereut.
Tu, was getan muß sein, und eh man dir's gebeut.
Was du noch hoffen kannst, das wird noch stets
geboren.

Was klagt, was lobt man doch? Sein Unglück und
sein Glücke
ist ihm ein jeder selbst. Schau alle Sachen an.
Dies alles ist in dir. Laß deinen eiteln Wahn.

Und eh du förder gehst, so geh' in dich zurücke.
Wer sein selbst Meister ist, und sich beherrschen kann,
dem ist die weite Welt und alles untertan.

Paul Fleming

DER ALTE LANDMANN AN SEINEN SOHN

Üb immer Treu und Redlichkeit
bis an dein kühles Grab
und weiche keinen Finger breit
von Gottes Wegen ab!

Dann wirst du wie auf grünen Aun
durchs Pilgerleben gehn,
dann kannst du sonder Furcht und Graun
dem Tod ins Auge sehn.

Dann suchen Enkel deine Gruft
und weinen Tränen drauf,
und Sommerblumen, voll von Duft,
blühn aus den Tränen auf.

Ludwig Christoph Heinrich Hölty

GESETZT DEN FALL, ihr habt ein Schaf gekränkt –
(«Gesetzt den Fall» heißt «Nehmen wir mal an») –,
gesetzt den Fall, es hat den Kopf gesenkt
und ist euch böse – ja, was dann?

Dann solltet ihr dem Schaf was Liebes sagen,
ihr könnt' ihm auch dabei den Rücken streicheln,
ihr dürft nicht «Na? Warum so sauer?» fragen,
ihr müßt dem Schaf mit Freundlichkeiten schmeicheln.

Sagt mir jetzt nicht: «Ich wohn' doch in der Stadt,
wo soll ich da um Himmelswillen Schafe kränken?»
Ich gebe zu, daß das was für sich hat,
doch bitte ich euch trotzdem zu bedenken:

Ein gutes Wort ist nie verschenkt,
nicht nur bei Schafen, sondern überall.
Auch trefft ihr Schafe öfter, als ihr denkt.
Nicht nur auf Wiesen. Und nicht nur im Stall.

(Na wo denn noch?)

Robert Gernhardt

CHAMÄLEON

älter als der bischofsstab,
den es hinter sich herzieht, die krümme
des schwanzes. komm herunter, rufen wir
ihm zu auf seinem ast, während die zunge
als teleskop herausschnellt, es das sternbild
einer libelle frißt: ein astronom
mit einem blick am himmel und dem andern
am boden – so wahrt es den abstand
zu beiden. die augenkuppeln, mit schuppen
gepanzert, eine festung, hinter der
nur die pupille sich bewegt, ein nervöses
flackern hinter der schießscharte (manchmal
findet man seine haut wie einen leeren

stützpunkt, eine längst geräumte these).
komm herunter, rufen wir. doch es regt
sich nicht, verschwindet langsam zwischen
den farben. es versteckt sich in der welt.

Jan Wagner

BESCHNEIDEN DER APFELBÄUME IM WINTER

Mit den ihren
kappe ich alle zweige in mir die
hoch hinauswollen

Von neuem
auf die augen setzend

Und auf die äste nach außen

Durch die krone eines apfelbaums
muß ein mann mit korb hindurchgehn können, sagen
die alten gärtner

Und übergroßes leid und übergroße freude
müssen hindurchgehn können
durch uns

Reiner Kunze

DIE EHRE HAT mich nie gesucht;
die hätte mich auch nie gefunden.
Wählt man, in zugezählten Stunden,
ein prächtig Feierkleid zur Flucht?

Auch Schätze hab' ich nie begehrt.
Was hilft es, sie auf kurzen Wegen
für Diebe mehr als sich zu hegen,
wo man das wenigste verzehrt?

Wie lange währt's, so bin ich hin
und einer Nachwelt untern Füßen!
Was braucht sie, wen sie tritt, zu wissen?
Weiß ich nur, wer ich bin!

Gotthold Ephraim Lessing

DAS IDEAL

Ja, das möchste:
Eine Villa im Grünen mit großer Terrasse,
vorn die Ostsee, hinten die Friedrichstraße;
mit schöner Aussicht, ländlich-mondän,
vom Badezimmer ist die Zugspitze zu sehn –
aber abends zum Kino hast du's nicht weit.

Das Ganze schlicht, voller Bescheidenheit:

Neun Zimmer, – nein, doch lieber zehn!
Ein Dachgarten, wo die Eichen drauf stehn,
Radio, Zentralheizung, Vakuum,
eine Dienerschaft, gut gezogen und stumm,
eine süße Frau voller Rasse und Verve –
(und eine fürs Wochenend, zur Reserve) –,
eine Bibliothek und drumherum
Einsamkeit und Hummelgesumm.

Im Stall: Zwei Ponys, vier Vollbluthengste,
acht Autos, Motorrad – alles lenkste
natürlich selber – das wär' ja gelacht!
Und zwischendurch gehst du auf Hochwildjagd.

Ja, und das hab' ich ganz vergessen:
Prima Küche – erstes Essen –
alte Weine aus schönem Pokal –
und egalweg bleibst du dünn wie ein Aal.
Und Geld. Und an Schmuck eine richtige Portion.
Und noch 'ne Million und noch 'ne Million.
Und Reisen. Und fröhliche Lebensbuntheit.
Und famose Kinder. Und ewige Gesundheit.

Ja, das möchste!

Aber, wie das so ist hienieden:
manchmal scheint's so, als sei es beschieden
nur pöapö, das irdische Glück.
Immer fehlt dir irgendein Stück.
Hast du Geld, dann hast du nicht Käten;

hast du die Frau, dann fehl'n dir Moneten –
hast du die Geisha, dann stört dich der Fächer:
bald fehlt uns der Wein, bald fehlt uns der Becher.

Etwas ist immer.

Tröste dich.

Jedes Glück hat einen kleinen Stich.
Wir möchten so viel: Haben. Sein. Und gelten.
Daß einer alles hat:
das ist selten.

Kurt Tucholsky

VOM GEHEN, MESSEN UND GREIFEN

gehst du tiefen suchen,
such in dir selbst.
du kannst getrost atmen,
solang das lot fällt.

miß dich nicht an bäumen.
die sind zu groß und frei.
lieber miß dich am käfer,
den du tratst zu brei.

greif nur nach oben.
du stößt nicht an.
aber laß den fuß dort
wo er stehen kann.

Ernst Jandl

MAGST DEN TADEL noch so fein,
noch so zart bereiten,
weckt er Widerstreiten.

Lob darf ganz geschmacklos sein,
hocherfreut und munter
schlucken sie's hinunter.

Marie von Ebner-Eschenbach

DAS SIND DOCH MENSCHEN

Das sind doch Menschen, denkt man,
wenn der Kellner an einen Tisch tritt,
einen unsichtbaren,
Stammtisch oder dergleichen in einer Ecke,
das sind doch Zartfühlende, Genüßlinge
sicher auch mit Empfindungen und Leid.

So allein bist du nicht
in deinem Wirrwarr, Unruhe, Zittern,
auch da wird Zweifel sein, Zaudern, Unsicherheit,
wenn auch in Geschäftsabschlüssen,
das Allgemein-Menschliche,
zwar in Wirtschaftsformen,
auch dort!

Unendlich ist der Gram der Herzen
und allgemein,
aber ob sie je geliebt haben
(außerhalb des Bettes)
brennend, verzehrt, wüstendurstig
nach einem Gaumenpfirsichsaft
aus fernem Mund,
untergehend, ertrinkend
in Unvereinbarkeit der Seelen –

das weiß man nicht, kann auch
den Kellner nicht fragen,
der an der Registrierkasse
das neue Helle eindrückt,
des Bons begierig,
um einen Durst zu löschen anderer Art,
doch auch von tiefer.

Gottfried Benn

LICHTUNG

manche meinen
lechts und rinks
kann man nicht
velwechsern.
werch ein illtum!

Ernst Jandl

ZWIELICHT

Dämmrung will die Flügel spreiten,
Schaurig rühren sich die Bäume,
Wolken zieh'n wie schwere Träume –
Was will dieses Grau'n bedeuten?

Hast ein Reh du, lieb vor andern,
Laß es nicht alleine grasen,
Jäger zieh'n im Wald' und blasen,
Stimmen hin und wieder wandern.

Hast du einen Freund hienieden,
Trau ihm nicht zu dieser Stunde,
Freundlich wohl mit Aug' und Munde,
Sinnt er Krieg im tück'schen Frieden.

Was heut müde gehet unter,
Hebt sich morgen neugeboren.
Manches bleibt in Nacht verloren –
Hüte dich, bleib' wach und munter!

Joseph von Eichendorff

ERMUTIGUNG

Peter Huchel gewidmet

Du, lass dich nicht verhärten
In dieser harten Zeit
Die all zu hart sind, brechen
Die all zu spitz sind, stechen
Und brechen ab sogleich

Du, lass dich nicht verbittern
In dieser bittren Zeit
Die Herrschenden erzittern
– Sitzt du erst hinter Gittern –
Doch nicht vor deinem Leid

Du, lass dich nicht erschrecken
In dieser Schreckenszeit
Das wolln sie doch bezwecken
Dass wir die Waffen strecken
Schon vor dem großen Streit

Du, lass dich nicht verbrauchen
Gebrauche deine Zeit
Du kannst nicht untertauchen
Du brauchst uns, und wir brauchen
Grad deine Heiterkeit

Wir wolln es nicht verschweigen
In dieser Schweigezeit
Das Grün bricht aus den Zweigen
Wir wolln das allen zeigen
Dann wissen sie Bescheid

Wolf Biermann

NA EINER MUSS JA AUCH DIE BATTLERAPPER TRÖSTEN

komm lass mich meinen kopf in deinen legen
ich bin der spiele so müde, selbst die messer
haben das stechen satt und das schneiden
und das steak will wachsen zum tier

und einer muss doch auch die battlerapper trösten
wenn sie in tränen aufgelöst in ihren jaguaren
kauern, und einer muss doch die berge glätten
bis sie flach sind wie hotelbetten gegen drei am nachmittag

Juliane Liebert

TROST

So komme, was da kommen mag!
So lang du lebest, ist es Tag.

Und geht es in die Welt hinaus,
Wo du mir bist, bin ich zu Haus.

Ich seh' dein liebes Angesicht,
Ich sehe die Schatten der Zukunft nicht.

Theodor Storm

LIEBESGEDICHT FÜR DIE FREIHEIT UND FREIHEITSGEDICHT FÜR DIE LIEBE

Mit der Freiheit ist das
so ähnlich wie mit der Liebe

Wenn dann das sogenannte Glück mich nach Jahren
wieder herausholt aus dem verschlossenen Schrank

und sagt: «Nun darfst du wieder!
Nun zeig was du kannst!»

Werde ich dann einatmen und meine Arme ausbreiten
und wieder jung sein und voller Lebensmut

oder werde ich dann nach Mottenkugeln riechen
und mit den Knochen klappern im Takt eines fremden
Herzschlags?

Mit der Freiheit ist das
so ähnlich wie mit der Liebe

und mit der Liebe ist das
so ähnlich wie mit der Freiheit

Erich Fried

GEGEN DIE STRÖMUNG

Wir waren völlig fertig
und konnten's einfach nicht glauben
und man sah, große Ereignisse
werfen ihre Schatten
unter die Augen

Dann haben wir unser Blut vermischt
mit Indianerversprechen
und es war ganz klar, unsere Verschwörung
werden wir nie brechen

Und wir waren die zwei Geflippten
die durch nichts zu bremsen sind
und wir schwammen gegen die Strömung
und rannten gegen den Wind

Für sogenannte Normale
waren wir das Duo Infernale
Für uns war das alles ganz lockere Action
doch für die war'n das gleich Skandale

Ich sagte dir:
«Ich geh mit dir durch Dick und Dünn
aber nicht durch Dick und Doof
Bitte schmeiß' nicht gleich uns're Liebe weg
wenn ich mal mit 'ner anderen poof'
Ich hab' dir auch nie 'ne Freiheit geklaut
und einfach irgendwas bestimmt
Wer weiß, ob wir sonst immer noch
das Power-Team wär'n
das sich jede Freiheit rausnimmt»

Und die Leute motzen:
«Da kommen die zwei Geflippten
die durch nichts zu bremsen sind
und die schwimmen gegen die Strömung
und rennen gegen den Wind»

Die Spießer regen sich tierisch auf
und reden von Beklopptomanie
Doch wir kichern uns eins und wissen
die wahren Bekloppten, das sind die

Gegen die Strömung, gegen den Wind
lass sie doch labern, blöd wie sie sind
Gegen die Strömung, gegen den Wind

Dass ich nicht lache, wir wär'n die Meister
im Sichdanebenbenehmen
Diese schlaffen, gebügelten Affen
guck sie dir an, sie sollten sich was schämen
Gegen die Strömung, gegen den Wind

Udo Lindenberg

DER EINE FRAGT: Was kommt danach?
Der andere fragt nur: Ist es recht?
Und also unterscheidet sich
der Freie von dem Knecht.

Theodor Storm

BEHERZIGUNG

Ach, was soll der Mensch verlangen?
Ist es besser, ruhig bleiben?
Klammernd fest sich anzuhangen?
Ist es besser, sich zu treiben?
Soll er sich ein Häuschen bauen?
Soll er unter Zelten leben?
Soll er auf die Felsen trauen?
Selbst die festen Felsen beben.

Eines schickt sich nicht für alle!
Sehe jeder wie er's treibe,
Sehe jeder wo er bleibe,
Und wer steht, daß er nicht falle!

Johann Wolfgang Goethe

IM ZWEIFEL FÜR DEN ZWEIFEL

Im Zweifel für den Zweifel
Das Zaudern und den Zorn
Im Zweifel fürs Zerreißen
Der eigenen Uniform

Im Zweifel für den Zweifel
Und für die Pubertät
Im Zweifel gegen Zweisamkeit
Und Normativität

Im Zweifel für den Zweifel
Und gegen allen Zwang
Im Zweifel für den Teufel
Und den zügellosen Drang

Im Zweifel für die Bitterkeit
Und meine heißen Tränen
Bleiern wird mir meine Zeit
Und doch muss ich erwähnen:

Im Zweifel für Ziellosigkeit
Ihr Menschen, hört mich rufen!
Im Zweifel für Zerwürfnisse
Und für die Zwischenstufen

Im Zweifel für den Zweifel
Das Zaudern und den Zorn
Im Zweifel fürs Zerreißen
Der eigenen Uniform

Im Zweifel für Verzärtelung
Und für meinen Knacks
Für die äußerste Zerbrechlichkeit
Für einen Willen wie aus Wachs

Im Zweifel für die Zwitterwesen
Aus weit entfernten Sphären
Im Zweifel fürs Erzittern
Beim Anblick der Chimären

Im Zweifel für die Bitterkeit
Und meine heißen Tränen
Bleiern wird mir meine Zeit
Mir bleibt noch zu erwähnen:

Im Zweifel für Ziellosigkeit
Ihr Menschen, hört mich rufen!
Im Zweifel für Zerwürfnisse
Und für die Zwischenstufen

Im Zweifel für den Zweifel
Das Zaudern und den Zorn
Im Zweifel fürs Zerreißen
Der eigenen Uniform

Im Zweifel für den Zweifel
Und die Unfaßbarkeit
Für die innere Zerknirschung
Wenn man die Zähne zeigt

Im Zweifel fürs Zusammenklappen
Vor gesamtem Saal
Mein Leben wird Zerrüttung
Meine Existenz Skandal

Im Zweifel für die Bitterkeit
Und meine heißen Tränen
Bleiern wird mir meine Zeit
Jetzt muss ich noch erwähnen:

Im Zweifel für Ziellosigkeit
Ihr Menschen, hört mich rufen!
Im Zweifel für Zerwürfnisse
Und für die Zwischenstufen

Dirk von Lowtzow/
Arne Zank/
Jan Klaas Müller
(Tocotronic)

ANGST UND ZWEIFEL

Zweifle nicht
an dem
der dir sagt
er hat Angst

aber hab Angst
vor dem
der dir sagt
er kennt keinen Zweifel

Erich Fried

MEERES STILLE

Tiefe Stille herrscht im Wasser,
Ohne Regung ruht das Meer,
Und bekümmert sieht der Schiffer
Glatte Fläche rings umher.
Keine Luft von keiner Seite!
Todesstille fürchterlich!
In der ungeheuern Weite
Reget keine Welle sich.

Johann Wolfgang Goethe

GLÜCKLICHE FAHRT

Die Nebel zerreißen,
Der Himmel ist helle
Und Aeolus löset
Das ängstliche Band.
Es säuseln die Winde,
Es rührt sich der Schiffer.
Geschwinde! Geschwinde!
Es teilt sich die Welle,
Es naht sich die Ferne;
Schon seh' ich das Land!

Johann Wolfgang Goethe

DER FROHE WANDERSMANN

Wem Gott will rechte Gunst erweisen,
Den schickt er in die weite Welt,
Dem will er seine Wunder weisen
In Berg und Wald und Strom und Feld.

Die Trägen, die zu Hause liegen,
Erquicket nicht das Morgenrot,
Sie wissen nur vom Kinderwiegen
Von Sorgen, Last und Not um Brot.

Die Bächlein von den Bergen springen,
Die Lerchen schwirren hoch vor Lust,

Was sollt' ich nicht mit ihnen singen
Aus voller Kehl' und frischer Brust?

Den lieben Gott laß ich nur walten;
Der Bächlein, Lerchen, Wald und Feld
Und Erd' und Himmel will erhalten,
Hat auch mein' Sach' auf's Best' bestellt!

Joseph von Eichendorff

STUFEN

Wie jede Blüte welkt und jede Jugend
Dem Alter weicht, blüht jede Lebensstufe,
Blüht jede Weisheit auch und jede Tugend
Zu ihrer Zeit und darf nicht ewig dauern.
Es muß das Herz bei jedem Lebensrufe
Bereit zum Abschied sein und Neubeginne,
Um sich in Tapferkeit und ohne Trauern
In andre, neue Bindungen zu geben.
Und jedem Anfang wohnt ein Zauber inne,
Der uns beschützt und der uns hilft, zu leben.

Wir sollen heiter Raum um Raum durchschreiten,
An keinem wie an einer Heimat hängen,
Der Weltgeist will nicht fesseln uns und engen,
Er will uns Stuf' um Stufe heben, weiten.
Kaum sind wir heimisch einem Lebenskreise
Und traulich eingewohnt, so droht Erschlaffen;

Nur wer bereit zu Aufbruch ist und Reise,
Mag lähmender Gewöhnung sich entraffen.

Es wird vielleicht auch noch die Todesstunde
Uns neuen Räumen jung entgegen senden,
Des Lebens Ruf an uns wird niemals enden...
Wohlan denn, Herz, nimm Abschied und gesunde!

Hermann Hesse

DAS KARUSSELL

Jardin du Luxembourg

Mit einem Dach und seinem Schatten dreht
sich eine kleine Weile der Bestand
von bunten Pferden, alle aus dem Land,
das lange zögert, eh es untergeht.
Zwar manche sind an Wagen angespannt,
doch alle haben Mut in ihren Mienen;
ein böser roter Löwe geht mit ihnen
und dann und wann ein weißer Elefant.

Sogar ein Hirsch ist da, ganz wie im Wald,
nur daß er einen Sattel trägt und drüber
ein kleines blaues Mädchen aufgeschnallt.

Und auf dem Löwen reitet weiß ein Junge
und hält sich mit der kleinen heißen Hand,
dieweil der Löwe Zähne zeigt und Zunge.

Und dann und wann ein weißer Elefant.

Und auf den Pferden kommen sie vorüber,
auch Mädchen, helle, diesem Pferdesprunge
fast schon entwachsen; mitten in dem Schwunge
schauen sie auf, irgendwohin, herüber –

Und dann und wann ein weißer Elefant.

Und das geht hin und eilt sich, daß es endet,
und kreist und dreht sich nur und hat kein Ziel.
Ein Rot, ein Grün, ein Grau vorbeigesendet,
ein kleines kaum begonnenes Profil –.
Und manchesmal ein Lächeln, hergewendet,
ein seliges, das blendet und verschwendet
an dieses atemlose blinde Spiel …

Rainer Maria Rilke

LEBENSLAUF

Größers wolltest auch du, aber die Liebe zwingt
All uns nieder, das Laid beuget gewaltiger,
Doch es kehret umsonst nicht
Unser Bogen, woher er kommt.

Aufwärts oder hinab! herrschet in heil'ger Nacht,
Wo die stumme Natur werdende Tage sinnt,
Herrscht im schiefesten Orkus
Nicht ein Grades, ein Recht noch auch?

Diß erfuhr ich. Denn nie, sterblichen Meistern gleich,
Habt ihr Himmlischen, ihr Alleserhaltenden,
Daß ich wüßte, mit Vorsicht,
Mich des ebenen Pfads geführt.

Alles prüfe der Mensch, sagen die Himmlischen,
Daß er, kräftig genährt, danken für Alles lern',
Und verstehe die Freiheit,
Aufzubrechen, wohin er will.

Friedrich Hölderlin

RÜCKBLICK, EINSICHT, AUSBLICK

Durch die Landschaft meiner Niederlagen
gehe ich in meinen alten Tagen:

Abends ist es am schlimmsten. Das Streiflicht
der nur langsam untergehenden Sonne
modelliert die fernen gefalteten Berge,
die nahen gespaltenen Steine, kurz alles,
was sich ihm in den Weg stellt.

Abends war es am schönsten. Den Lichtstreif
der untergehenden Junisonne
für immer festzuhalten, verbrachte
ich Stunden um Stunden vor Leinwand und Landschaft,
ein Weg ohne Ende.

Abends war er am stärksten, der Eindruck,
diesmal den treffendsten Ausdruck zu finden
fürs glorreiche Ineinander der Lichter,
der Schatten, der Dinge, der Farben: Du bist
auf dem richtigen Wege!

Abends ist sie am stärksten, die Einsicht:
Du warst deiner Aufgabe niemals gewachsen.
Immer noch flüchtig das Licht. Nur ein Schatten
davon auf deiner Leinwand zu ahnen,
kein Weg, eine Sackgasse.

Abends ist es am schönsten. Der Streifzug
rund um den Hügel von Montaio
berückt und verzückt und beglückt wie damals.
Verrückter Gedanke, das halten zu wollen,
was nur Schein und dann weg ist:

Durch die Landschaft meiner Niederlagen
geh ich wie in alten Tagen.

Robert Gernhardt

FREUND, SO DU ETWAS BIST,
so bleib doch ja nicht stehn:
Man muß aus einem Licht fort in das andre gehn.
Angelus Silesius

DIE LINIEN DES LEBENS sind verschieden
wie Wege sind und wie der Berge Grenzen.
Was hier wir sind, kann dort ein Gott ergänzen
mit Harmonien und ewigem Lohn und Frieden.
Friedrich Hölderlin

LIEBE UND ANDERE SPIELE

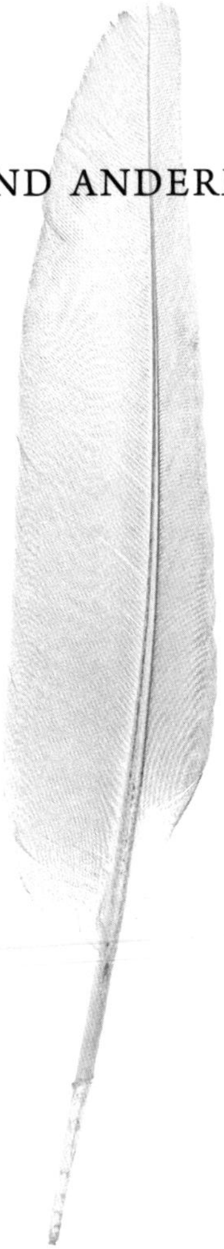

LIEGEN, BEI DIR

ich liege bei dir. deine arme
halten mich. deine arme
halten mehr als ich bin.
deine arme halten, was ich bin
wenn ich bei dir liege und
deine arme mich halten.

Ernst Jandl

ICH WEISS NICHT, ZU WEM ICH GEHÖRE

Sprechen die Männer von Treue,
Lächle ich nur vor mich hin.
Liebe ist ewig das Neue.
Treue hat gar keinen Sinn.
Heute schon ist mir entschwunden,
Was ich noch gestern besaß.
Liebe macht selige Stunden.
Treue macht gar keinen Spaß.
Ich weiß nicht, zu wem ich gehöre,
Ich bin doch zu schade für einen allein –
Wenn ich jetzt grad dir Treue schwöre,
Wird wieder ein andrer ganz unglücklich sein.
Ja, soll denn etwas so Schönes nur einem gefallen?
Die Sonne, die Sterne gehörn doch auch allen …
Ich weiß nicht, zu wem ich gehöre,
Ich glaub, ich gehöre nur mir ganz allein.

Einer hat zärtliche Hände,
Einer packt kräftiger zu.
Wenn ich den Richtigen fände,
Bringt er mir auch keine Ruh.
Bin ich bei einem geborgen,
Glücklich, zufrieden und still,
Lockt mich ein anderer morgen.
Nie hab ich das, was ich will.
    Ich weiß nicht, zu wem ich gehöre ...

Friedrich Hollaender/
Marlene Dietrich

WAS BEDEUTET die Bewegung?
Bringt der Ostwind frohe Kunde?
Seiner Schwingen frische Regung
Kühlt des Herzens tiefe Wunde.

Kosend spielt er mit dem Staube,
Jagt ihn auf in leichten Wölkchen,
Treibt zur sichern Rebenlaube
Der Insekten frohes Völkchen.

Lindert sanft der Sonne Glühen,
Kühlt auch mir die heißen Wangen,
Küsst die Reben noch im Fliehen
Die auf Feld und Hügel prangen.

Und mich soll sein leises Flüstern
Von dem Freunde lieblich grüßen,

Eh noch diese Hügel düstern,
Sitz ich still zu seinen Füßen.

Und du magst nun weiter ziehen,
Diene Frohen und Betrübten!
Dort, wo hohe Mauern glühen,
Finde ich den Vielgeliebten.

Ach, die wahre Herzenskunde,
Liebeshauch, erfrischtes Leben
Wird mir nur aus seinem Munde,
Kann mir nur sein Atem geben.

Marianne von Willemer

AM ENDE DENK ICH IMMER NUR AN DICH

Auf einem Spielplatz ruft ein Kind nach seiner Mutter
Damit die sieht, wie hoch das Kind schon schaukeln kann
Und es wirft die Beine vor und hoch zum Himmel
Bis ein Schuh davonfliegt und der landet dann

Auf einem Auto, das am Straßenrand geparkt ist
Auf dessen Windschutzscheibe «Schwein» geschrieben steht
Und das, metallic-braun und glatt wie deine Haare
Genau wie du sein wahres Alter nicht verrät

Ganz egal, woran ich gerade denke
Am Ende denk ich immer nur an dich

Die deutsche Mutter stürzt nach vorn in heller Panik
Und übersieht dabei ein Kindesbein im Sand
Und schlägt lang hin, da lacht der Kindesbeinbesitzer
Der hat ein Erdbeereis in seiner rechten Hand

Das hängt bedenklich schräg nach vorn in seiner Waffel
Und tropft sich selbst verschwendend auf die Haute Couture
Am Leib des ganzen Stolzes seiner schönen Eltern
Und wird zu Dreck dort, genau wie ich bei dir

Ganz egal, woran ich gerade denke
Am Ende denk ich immer nur an dich

Warum blutet Mutter aus der Nase?
Warum ist ihr Kind so dumm wie klein?
Darf ein metallic-braunes Auto denn da parken?
Und warum kann ich ohne dich nicht glücklich sein?

Wieviele Erdbeereise muß der Mensch noch essen
Bevor er endlich einmal sagt: Ich bin dafür
Die böse Tat des Beinestellens zu unterlassen
Und darf ich irgendwann noch mal zurück zu dir

Ganz egal, woran ich grade denke
Am Ende denk ich immer nur an dich

Sven Regener (Element of Crime)

ICH HABE DICH SO LIEB

Ich habe dich so lieb!
Ich würde dir ohne Bedenken
Eine Kachel aus meinem Ofen
Schenken.

Ich habe dir nichts getan.
Nun ist mir traurig zu Mut.
An den Hängen der Eisenbahn
Leuchtet der Ginster so gut.

Vorbei – verjährt –
Doch nimmer vergessen.
Ich reise.
Alles, was lange währt,
Ist leise.

Die Zeit entstellt
Alle Lebewesen.
Ein Hund bellt.
Er kann nicht lesen.
Er kann nicht schreiben.
Wir können nicht bleiben.

Ich lache.
Die Löcher sind die Hauptsache
An einem Sieb.

Ich habe dich so lieb.

Joachim Ringelnatz

WAS ES IST

Es ist Unsinn
sagt die Vernunft
Es ist was es ist
sagt die Liebe

Es ist Unglück
sagt die Berechnung
Es ist nichts als Schmerz
sagt die Angst
Es ist aussichtslos
sagt die Einsicht
Es ist was es ist
sagt die Liebe

Es ist lächerlich
sagt der Stolz
Es ist leichtsinnig
sagt die Vorsicht
Es ist unmöglich
sagt die Erfahrung
Es ist was es ist
sagt die Liebe

Erich Fried

GANZ ODER GAR NICHT

Wer da will der Liebe leben,
muß sich ganz der Liebe geben,
sich nicht teilen, nicht zersplittern,
ganz im Kuß hinüberzittern;
muß des Herzens ganzes Drängen
auf des Mundes Spitze zwängen;
muß nicht denken, rechnen, klügeln,
sich nicht fesseln oder zügeln;
muß den Arm nicht ängstlich halten,
gilt es, Hüften zu umfalten;
nicht voll Scheu die Hand befühlen,
gilt's, im seidnen Haar zu wühlen;
muß im seligen Versenktsein
unklar, ob er ist und denkt, sein.

Friedrich Rückert

EPIGRAMMA

Du meinst ich soll dein noch gedenken und dich lieben,
ob du mich schon verlässt, ei sei doch nicht so toll,
Ich habe dir ja oft vor diesem schon geschrieben:
daß niemand Eisen, Stein und Klötze lieben soll.

Sibylla Schwarz

WILLKOMMEN UND ABSCHIED

Mir schlug das Herz; geschwind zu Pferde,
Und fort, wild, wie ein Held zur Schlacht!
Der Abend wiegte schon die Erde,
Und an den Bergen hing die Nacht;
Schon stund im Nebelkleid die Eiche,
Ein aufgetürmter Riese, da,
Wo Finsternis aus dem Gesträuche
Mit hundert schwarzen Augen sah.

Der Mond von seinem Wolkenhügel,
Schien kläglich aus dem Duft hervor;
Die Winde schwangen leise Flügel,
Umsausten schauerlich mein Ohr;
Die Nacht schuf tausend Ungeheuer –
Doch tausendfacher war mein Mut;
Mein Geist war ein verzehrend Feuer,
Mein ganzes Herz zerfloß in Glut.

Ich sah dich, und die milde Freude
Floß aus dem süßen Blick auf mich.
Ganz war mein Herz an deiner Seite,
Und jeder Atemzug für dich.
Ein rosenfarbes Frühlings Wetter
Lag auf dem lieblichen Gesicht,
Und Zärtlichkeit für mich, ihr Götter!
Ich hofft' es, ich verdient' es nicht.

Der Abschied, wie bedrängt, wie trübe!
Aus deinen Blicken sprach dein Herz.
In deinen Küssen, welche Liebe,
O welche Wonne, welcher Schmerz!
Du gingst, ich stund, und sah zur Erden,
Und sah dir nach mit nassem Blick;
Und doch, welch Glück! geliebt zu werden,
Und lieben, Götter, welch ein Glück.

Johann Wolfgang Goethe

DER ABSCHIED

Trennen wollten wir uns? wähnten es gut und klug?
Da wirs taten, warum schröckte, wie Mord, die Tat?
Ach! wir kennen uns wenig,
Denn es waltet ein Gott in uns.

Den verraten? ach ihn, welcher uns alles erst,
Sinn und Leben erschuf, ihn, den beseelenden
Schutzgott unserer Liebe,
Dies, dies Eine vermag ich nicht.

Aber anderen Fehl denket der Menschen Sinn,
Andern ehernen Dienst übt er und anders Recht,
Und es fodert die Seele
Tag für Tag der Gebrauch uns ab.

Wohl! ich wußt' es zuvor. Seit der gewurzelte
Allentzweiende Haß Götter und Menschen trennt,
Muß, mit Blut sie zu sühnen,
Muß der Liebenden Herz vergehn.

Laß mich schweigen! o laß nimmer von nun an mich
Dieses Tödliche sehn, daß ich im Frieden doch
Hin ins Einsame ziehe,
Und noch unser der Abschied sei!

Reich die Schale mir selbst, daß ich des rettenden
Heilgen Giftes genug, daß ich des Lethetranks
Mit dir trinke, daß alles
Haß und Liebe vergessen sei!

Hingehn will ich. Vielleicht seh' ich in langer Zeit
Diotima! dich hier. Aber verblutet ist
Dann das Wünschen und friedlich
Gleich den Seligen, fremd sind wir,

Und ein ruhig Gespräch führet uns auf und ab,
Sinnend, zögernd, doch itzt faßt die Vergessenen
Hier die Stelle des Abschieds,
Es erwarmet ein Herz in uns,

Staunend seh' ich dich an, Stimmen und süßen Sang,
Wie aus voriger Zeit hör' ich und Saitenspiel,
Und befreiet, in Lüfte
Fliegt in Flammen der Geist uns auf.

Friedrich Hölderlin

EIN JÜNGLING LIEBT ein Mädchen,
Die hat einen andern erwählt;
Der andre liebt eine andre,
Und hat sich mit dieser vermählt.

Das Mädchen heiratet aus Ärger
Den ersten besten Mann,
Der ihr in den Weg gelaufen;
Der Jüngling ist übel dran.

Es ist eine alte Geschichte,
Doch bleibt sie immer neu;
Und wem sie just passieret,
Dem bricht das Herz entzwei.

Heinrich Heine

BEI ERINNERUNG IHRES ERSTEN FREUNDES

Er ist mein Wunsch, ich sein Gedanke,
Ihn such ich auf, wo er sich immer hin begiebt,
Er wird gedacht, er wird geliebt
Bis ich zum Rand des Grabes wanke.

Anna Louisa Karsch

WO HAST DU all die Schönheit hergenommen,
du Liebesangesicht, du Wohlgestalt!
Um dich ist alle Welt zu kurz gekommen.
Weil du die Jugend hast, wird alles alt,
weil du das Leben hast, muß alles sterben,
weil du die Kraft hast, ist die Welt kein Hort,
weil du vollkommen bist, ist sie ein Scherben,
weil du der Himmel bist, gibt's keinen dort!

Ricarda Huch

RUF- UND FLUCHFORMEL

Eu Regen Schnee Gewitter Hagelschlangen
Steigt aus des Meeres bodenloser Brut
Und haltet euch in Lüften eng umfangen
Bis er auf meinem roten Sofa ruht.

Wenn er den Stab hebt, dürft ihr draußen toben
Je mehr je lieber, schließet mir das Haus
Und schlagt und dreht euch, ändert Unten, Oben
Der Hof sieht wie ein Jahrmarkt aus

Dieweil wir uns in unsrer Lieb erproben.

Sarah Kirsch

WIE ER WOLLE GEKÜSSET SEIN

Nirgends hin, als auf den Mund,
da sinkts in des Herzen Grund.
Nicht zu frei, nicht zu gezwungen,
nicht mit gar zu fauler Zungen.

Nicht zu wenig nicht zu viel.
Beides wird sonst Kinder-spiel.
Nicht zu laut, und nicht zu leise,
Bei der Maß' ist rechte weise.

Nicht zu nahe, nicht zu weit.
Dies macht Kummer, jenes Leid.
Nicht zu trocken, nicht zu feuchte,
wie Adonis Venus reichte.

Nicht zu harte, nicht zu weich.
Bald zugleich, bald nicht zugleich.
Nicht zu langsam, nicht zu schnelle.
Nicht ohn Unterscheid der Stelle.

Halb gebissen, halb gehaucht.
Halb die Lippen eingetaucht.
Nicht ohn Unterscheid der Zeiten.
Mehr alleine, denn bei Leuten.

Küsse nun ein Jedermann,
wie er weiß, will, soll und kann.
Ich nur, und die Liebste wissen,
wie wir uns recht sollen küssen.

Paul Fleming

‹ICH ZÔCH MIR einen valken mêre danne ein jâr.
dô ich in gezamete als ich in wolte hân,
und ich im sîn gevidere mit golde wol bewant:
er huob sich ûf vil hôhe und floug in anderiu lant.

Sît sach ich den valken schône fliegen.
er fuorte an sînem fuosse sîdîne riemen
und waz im sîn gevidere alrôt guldîn.
got sende si zesamene, die gelieb wellen gerne sîn!›

Der von Kürenberg

‹LÄNGER ALS EIN JAHR lang richtete ich mir einen Falken ab.
Als ich ihn gezähmt hatte, wie ich ihn haben wollte,
und ihm sein Gefieder schön mit Goldfäden durchwunden hatte:
da erhob er sich in große Höhe und entflog in andere Länder.

Seither sah ich den Falken herrlich fliegen.
Er führte an seinem Fuß Seidenbänder
und sein Gefieder war über und über rotgolden:
Gott bringe die zusammen, die einander innig lieb haben wollen!›

Der von Kürenberg
(Übertragung von Horst Brunner)

DIE SCHAUKEL

Auf meiner Schaukel in die Höh,
was kann es Schöneres geben!
So hoch, so weit! Die ganze Chaussee
und alle Häuser schweben.

Weit über die Gärten hoch, juchhee,
ich lasse mich fliegen, fliegen;
und alles sieht man, Wald und See,
ganz anders stehn und liegen.

Hoch in die Höh! Wo ist mein Zeh?
Im Himmel! Ich glaube, ich falle!
Das tut so tief, so süß dann weh,
und die Bäume verbeugen sich alle.

Und immer wieder in die Höh,
und der Himmel kommt immer näher;
und immer süßer tut es weh –
der Himmel wird immer höher.

Paula und Richard Dehmel

DER REST DES FADENS

Drachensteigen. Spiel
für große Ebnen ohne Baum und Wasser.
Im offenen Himmel
steigt auf

der Stern aus Papier, unhaltbar
ins Licht gerissen, höher, aus allen Augen
und weiter, weiter

Uns gehört der Rest des Fadens,
        und daß wir dich kannten.

Sarah Kirsch

DOPPELTE SZENE

Nerven .. kaputt ..
sagte er als ich ihn fragte
welchen Grund ich angeben sollte
dasz er nicht kommen könne

ein Erinnerungsbild
tauchte gleichzeitig auf, er
sitzt im Zimmer und schlägt
zu berstender Platten-
musik den Rhythmus
mit Kopf und Armen, vor-
wärts und rück-
wärts, wie einstmals
auf schwingendem
Schaukelpferd, *das*
selige Kind

für Ernst Jandl
Friederike Mayröcker

HEILE, HEILE SEGEN

Heile, heile Segen,
drei Tage Regen,
drei Tage Sonnenschein,
wird bald wieder besser sein.

Anonym

SPIEL

Denkst, Freund, des wilden Knabenspiels du noch,
Das wir getrieben einst am Bergesjoch,
Wann unser freudger Wandertag verglomm
Und höher stets und immer höher klomm?
Wir sprangen jubelnd über Stock und Stein
Bergan und wieder in das Licht hinein,
    Und noch einmal und noch einmal,
Bis uns entschlüpft' der letzte Sonnenstrahl.

Das Spiel, das wir im Alpentale dort
Getrieben, Freund, wir spielen's heut noch fort.
Wann neben uns das süße Licht erbleicht,
Wir steigen, bis von neuem wir's erreicht.
Wir springen rüstig über Stock und Stein
Und mitten wieder in den Tag hinein,
    Und noch einmal und noch einmal,
Bis uns entschlüpft der letzte Lebensstrahl.

Conrad Ferdinand Meyer

FÜR MICH SOLL'S ROTE ROSEN REGNEN

Mit sechzehn sagte ich still: Ich will,
will groß sein, will siegen,
will froh sein, nie lügen.
Mit sechzehn sagte ich still: Ich will,
will alles – oder nichts ...

Für mich soll's rote Rosen regnen,
mir sollten sämtliche Wunder begegnen;
die Welt sollte sich umgestalten
und ihre Sorgen für sich behalten.

Und später sagte ich noch: Ich möcht'
verstehen, viel sehen,
erfahren, bewahren;
und später sagte ich noch: Ich möcht'
nicht allein sein – und doch frei sein ...

Für mich soll's rote Rosen regnen,
mir sollten sämtliche Wunder begegnen;
das Glück sollte sich sanft verhalten,
es soll mein Schicksal mit Liebe verwalten.

Und heute sage ich still: Ich sollt'
mich fügen, begnügen,
ich kann mich nicht fügen,
kann mich nicht begnügen,
will immer noch siegen,
will alles – oder nichts ...

Für mich soll's rote Rosen regnen,
mir sollten sämtliche Wunder begegnen,
mich fern vom Alten neu entfalten,
von dem, was erwartet, das meiste halten.

Ich will, ich will …

Hildegard Knef/
Hans Hammerschmid

DER ONKEL BUMBA AUS KALUMBA TANZT NUR RUMBA

Mein Onkel Bumba, ohne Sorgen, frisch und froh,
Lebt in Kalumba, diese Stadt gibt's irgendwo.
Er ist Gelehrter und hat nebst einem langen Bart
Sogar Familie, Fa-mi-li-e. Und 'n Mann im Ohr!

Trotz dieser Dinge schwärmt für Frau'n er, wo er kann.
Er tut als ginge seine Frau ihn gar nichts an.
Und nach Hause kommt er täglich erst des Morgens,
ist das möglich?
Ja warum? Was macht er bloß?

Der Onkel Bumba aus Kalumba tanzt nur Rumba.
Die große Mode in Kalumba ist jetzt Rumba.
Sogar der Oberbürgermeister von Kalumba tanzt jetzt
leidenschaftlich
Rumba, Rumba, Rumba, Rumba, Rumba, Rumba,
Rumba, Rumba, Rumba …

Was ist denn los in ganz Kalumba mit dem Rumba –
Rumba?
Die Politik ist ganz vergessen in Kalumba.
Man ist von Rumba ganz besessen in Kalumba.
Man steht am Morgen auf und legt
sich abends schlafen in Kalumba mit dem
Rumba, Rumba, Rumba, Rumba, Rumba, Rumba,
Rumba, Rumba, ...
Ru-hu-hum-ba.

Was ist denn los in ganz Kalumba mit dem Rum-ba?
Wie das ins Ohr geht, was dabei vorgeht – selbst die
Gelehrten,
Sie sind perplex, die sind perplex,
die sind perplex, die sind perplex!

Der Onkel Bumba aus Kalumba tanzt nur Rumba.
Die kleinen Babys in Kalumba tanzen Rumba.
Ja selbst die Sonne und der Mond und auch die Sterne in
Kalumba tanzen
Rumba, Rumba, Rumba, Rumba, Rumba.

Fritz Rotter (Comedian Harmonists)

A KLOANS NONSENSERL

a ganz a kloans nonsenserl
a ganz a kloans
so kloan

daßd sowas überhaupts no net gseng hast
so a kloans nonsenserl

manchmal brauch i des einfach
manchmal brauch i
a kloans nonsenserl
auf der straß
oder im omnibus
oder in der vorlesung
a ganz kloans nonsenserl

des merkn die leit gar net
weil die koan verstand net habn
für so a kloans nonsenserl
so einen verstand hab bloß i
verschtengerns mi

da dreht sie der ganze hirnverstand
einmal im hirnkastn um
und nacher machts einen plimperer
manchmal sogar einen
plimperdatschnplempaduri
und das nonsenserl is da

aber der ganze hirnverstand
muaß si oamoi umdrehn
im hirnkastl
oamoi

des merkn die leit auf der straß gar net
aber nacha gibt's einen
plimperdatschnblempaduri
und das nonsenserl is da

mei dees is schee
so ein nonsenserl
bals auf oamoi da is
mei dees is schee
glabst

Felix Hoerburger

EINLADUNG ZUR LIEBE

Mädchen, wollt ihr mich nicht lieben?
Seht, hier lieg ich in dem Schatten!
Seht mich nur, ihr müßt mich lieben!
Rosen blühen auf den Wangen,
In den Adern glühet Feuer,
In den Minen lacht Vergnügen,
In den Augen locket Liebe,
Und bewegen sich die Lippen,
So bewegt sie Scherz und Freude.
Mädchen, wollt ihr mich nicht lieben?
Seht, hier lieg ich in den Schatten,
Mädchen seht, wie schön ich liege!

Johann Wilhelm Ludwig Gleim

WENN

Ja, hätte mir vor Anbeginn
so manches nicht gefehlt,
und hätt' ich nur mit anderm Sinn
den andern Weg erwählt,
und hätt' ich auf dem rechten Pfad
die rechte Hilf' empfahn
und so statt dessen, was ich tat,
das Gegenteil getan,
und hätt' ich vieles nicht gemußt
auf höheres Geheiß
und nur die Hälft' vorher gewußt
von dem, was heut ich weiß,
und hätt' ich ernstlich nur gewollt,
ja, wollt' ich nur noch jetzt,
und wäre mir das Glück so hold
wie manchem, der's nicht schätzt,
und hätt' ich zehnmal soviel Geld
und könnt', was ich nicht kann,
und käm' noch einmal auf die Welt –
ja, dann!

Ludwig Fulda

EIN ERLEBNIS KANTS

Eines Tags geschah es Kant,
daß er keine Worte fand.

Stundenlang hielt er den Mund,
und er schwieg – nicht ohne Grund.

Ihm fiel absolut nichts ein,
drum ließ er das Sprechen sein.

Erst als man zum Essen rief,
wurd' er wieder kreativ,

und er sprach die schönen Worte:
«Gibt es hinterher noch Torte?»

Robert Gernhardt

NACH DRAUSSEN GEHEN

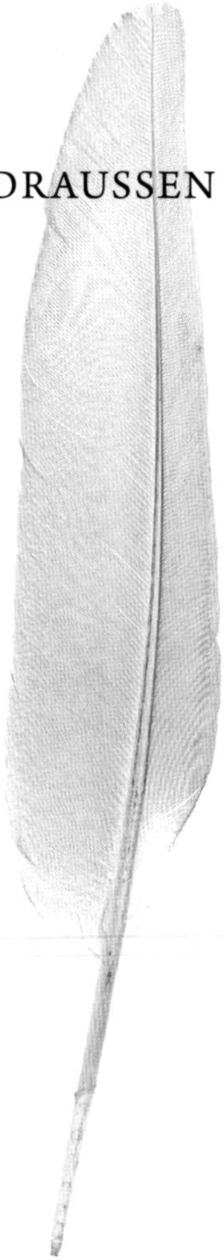

FREIES GELEIT

Mit schlaftrunkenen Vögeln
und winddurchschossenen Bäumen
steht der Tag auf, und das Meer
leert einen schäumenden Becher auf ihn.

Die Flüsse wallen ans große Wasser,
und das Land legt Liebesversprechen
der reinen Luft in den Mund
mit frischen Blumen.

Die Erde will keinen Rauchpilz tragen,
kein Geschöpf ausspeien vorm Himmel,
mit Regen und Zornesblitzen abschaffen
die unerhörten Stimmen des Verderbens.

Mit uns will sie die bunten Brüder
und grauen Schwestern erwachen sehn,
den König Fisch, die Hoheit Nachtigall
und den Feuerfürsten Salamander.

Für uns pflanzt sie Korallen ins Meer.
Wäldern befiehlt sie, Ruhe zu halten,
dem Marmor, die schöne Ader zu schwellen,
noch einmal dem Tau, über die Asche zu gehn.

Die Erde will ein freies Geleit ins All
jeden Tag aus der Nacht haben,
daß noch tausend und ein Morgen wird
von der alten Schönheit jungen Gnaden.

Ingeborg Bachmann

FRÜHLINGSGLAUBE

Die linden Lüfte sind erwacht,
Sie säuseln und weben Tag und Nacht,
Sie schaffen an allen Enden.
O frischer Duft, o neuer Klang!
Nun, armes Herze, sei nicht bang!
Nun muß sich alles, alles wenden.

Die Welt wird schöner mit jedem Tag,
Man weiß nicht, was noch werden mag,
Das Blühen will nicht enden.
Es blüht das fernste, tiefste Tal:
Nun, armes Herz, vergiß die Qual!
Nun muß sich alles, alles wenden.

Ludwig Uhland

GEDICHT ÜBER SCHNEE IM APRIL

April-Schnee; schnell; noch einmal
ist fünfzehn Minuten
Winter und völliges Verschwinden
der Krokus-Gebiete
                    und
fünfzehn Minuten, in Zukunft,
sagt Warhol, ist Ruhm.   Schnell,
ein Gedicht über Schnee im April,
denn schnell ist weg

Stimmung und Schnee
                                        und plötzlich,
metaphorisch gesagt,
ist Schnee-Herrschaft verschwunden
im Krokusgebiet
und die Regierung des Frühlings regiert.
Nun Frühlings-Gedicht.
Und schnell.   Winter ist morgen, wieder,
und neue Herrschaft,
                                        nein,
nicht morgen: in fünfzehn Minuten,
mit Schnee, wie schnelles Leben,
sagt Warhol, metaphorisch gesagt,
wie Schnee, Verschwinden, April.

Jürgen Becker

MAILIED

Wie herrlich leuchtet
Mir die Natur!
Wie glänzt die Sonne!
Wie lacht die Flur!

Es dringen Blüten
Aus jedem Zweig,
Und tausend Stimmen
Aus dem Gesträuch.

Und Freud' und Wonne
Aus jeder Brust.
O Erd'! o Sonne!
O Glück! o Lust!

O Lieb'! o Liebe!
So golden-schön,
Wie Morgenwolken
Auf jenen Höhn!

Du segnest herrlich
Das frische Feld,
Im Blütendampfe
Die volle Welt.

O Mädchen, Mädchen,
Wie lieb' ich dich!
Wie blickt dein Auge!
Wie liebst du mich!

So liebt die Lerche
Gesang und Luft,
Und Morgenblumen
Den Himmelsduft.

Wie ich dich liebe
Mit warmem Blut,
Die du mir Jugend
Und Freud' und Mut

Zu neuen Liedern
Und Tänzen gibst.
Sei ewig glücklich,
Wie du mich liebst!

Johann Wolfgang Goethe

SOMMERFRISCHE

Zupf dir ein Wölkchen aus dem Wolkenweiß,
Das durch den sonnigen Himmel schreitet.
Und schmücke den Hut, der dich begleitet,
Mit einem grünen Reis.

Verstecke dich faul in die Fülle der Gräser.
Weil's wohltut, weil's frommt.
Und bist du ein Mundharmonikabläser
Und hast eine bei dir, dann spiel, was dir kommt.

Und lass deine Melodien lenken
Von dem freigegebenen Wolkengezupf.
Vergiß dich. Es soll dein Denken
Nicht weiter reichen als ein Grashüpferhupf.

Joachim Ringelnatz

VOM SCHWIMMEN IN SEEN UND FLÜSSEN

1

Im bleichen Sommer, wenn die Winde oben
Nur in dem Laub der großen Bäume sausen
Muß man in Flüssen liegen oder Teichen
Wie die Gewächse, worin Hechte hausen.
Der Leib wird leicht im Wasser. Wenn der Arm
Leicht aus dem Wasser in den Himmel fällt
Wiegt ihn der kleine Wind vergessen
Weil er ihn wohl für braunes Astwerk hält.

2

Der Himmel bietet mittags große Stille.
Man macht die Augen zu, wenn Schwalben kommen.
Der Schlamm ist warm. Wenn kühle Blasen quellen
Weiß man: ein Fisch ist jetzt durch uns geschwommen.
Mein Leib, die Schenkel und der stille Arm
Wir liegen still im Wasser, ganz geeint
Nur wenn die kühlen Fische durch uns schwimmen
Fühl ich, daß Sonne überm Tümpel scheint.

3

Wenn man am Abend von dem langen Liegen
Sehr faul wird, so, daß alle Glieder beißen
Muß man das alles, ohne Rücksicht, klatschend
In blaue Flüsse schmeißen, die sehr reißen.
Am besten ist's, man hält's bis Abend aus.
Weil dann der bleiche Haifischhimmel kommt

Bös und gefräßig über Fluß und Sträuchern
Und alle Dinge sind, wie's ihnen frommt.

4
Natürlich muß man auf dem Rücken liegen
So wie gewöhnlich. Und sich treiben lassen.
Man muß nicht schwimmen, nein, nur so tun, als
Gehöre man einfach zu Schottermassen.
Man soll den Himmel anschaun und so tun
Als ob einen ein Weib trägt, und es stimmt.
Ganz ohne großen Umtrieb, wie der liebe Gott tut
Wenn er am Abend noch in seinen Flüssen schwimmt.

Bertolt Brecht

AN DIE SONNE

Sonne, brich doch durch die Wolken!
Laß uns doch den hellen Himmel
Laß uns deine Strahlen sehen!
Haben denn die dicken Dünste
Dich nicht lang genug verdunkelt?
Hat es nicht genug geregnet?
Sieh, die Fluren stehn voll Wasser,
Und es ist für deine Strahlen,
Viel zu trocknen, viel zu trinken!
Sonne, laß die düstern Wolken
Schnell vor deinen Strahlen fliehen;
Aber, wenn sie, statt des Wassers,

Wein herunter schütten wollen,
Solchen Wein, wie ich jetzt trinke,
O so laß die Wolken regnen!

Johann Wilhelm Ludwig Gleim

DIE SCHÖNE BUCHE

Ganz verborgen im Wald kenn ich ein Plätzchen, da stehet
Eine Buche, man sieht schöner im Bilde sie nicht.
Rein und glatt, in gediegenem Wuchs erhebt sie sich einzeln,
Keiner der Nachbarn rührt ihr an den seidenen Schmuck.
Rings, soweit sein Gezweig der stattliche Baum ausbreitet,
Grünet der Rasen, das Aug still zu erquicken, umher;
Gleich nach allen Seiten umzirkt er den Stamm in der Mitte;
Kunstlos schuf die Natur selber dies liebliche Rund.
Zartes Gebüsch umkränzet es erst; hochstämmige Bäume,
Folgend in dichtem Gedräng, wehren dem himmlischen Blau.
Neben der dunkleren Fülle des Eichbaums wieget die Birke
Ihr jungfräuliches Haupt schüchtern im goldenen Licht.
Nur wo, verdeckt vom Felsen, der Fußsteig jäh sich hinabschlingt,
Lässet die Hellung mich ahnen das offene Feld.
– Als ich unlängst einsam, von neuen Gestalten des Sommers
Ab dem Pfade gelockt, dort im Gebüsch mich verlor,
Führt' ein freundlicher Geist, des Hains auflauschende Gottheit,
Hier mich zum erstenmal, plötzlich, den Staunenden, ein.

Welch Entzücken! Es war um die hohe Stunde des Mittags,
Lautlos alles, es schwieg selber der Vogel im Laub.
Und ich zauderte noch, auf den zierlichen Teppich zu treten;
Festlich empfing er den Fuß, leise beschritt ich ihn nur.
Jetzo gelehnt an den Stamm (er trägt sein breites Gewölbe
Nicht zu hoch), ließ ich rundum die Augen ergehn,
Wo den beschatteten Kreis die feurig strahlende Sonne,
Fast gleich messend umher, säumte mit blendendem Rand.
Aber ich stand und rührte mich nicht; dämonischer Stille,
Unergründlicher Ruh lauschte mein innerer Sinn.
Eingeschlossen mit dir in diesem sonnigen Zauber –
Gürtel, o Einsamkeit, fühlt ich und dachte nur dich!

Eduard Mörike

IM SOMMER

Dünnbesiedelt das Land.
Trotz riesigen Feldern und Maschinen
Liegen die Dörfer schläfrig
In Buchsbaumgärten; die Katzen
Trifft selten ein Steinwurf.

Im August fallen Sterne.
Im September bläst man die Jagd an.
Noch fliegt die Graugans, spaziert der Storch
Durch unvergiftete Wiesen. Ach, die Wolken
Wie Berge fliegen sie über die Wälder.

Wenn man hier keine Zeitung hält
Ist die Welt in Ordnung.
In Pflaumenmuskesseln
Spiegelt sich schön das eigne Gesicht und
Feuerrot leuchten die Felder.

Sarah Kirsch

JUNGE PFERDE

Wer die blühenden Wiesen kennt
Und die hingetragene Herde,
Die, das Maul am Winde, rennt:
Junge Pferde! Junge Pferde!

Über Gräben, Gräserstoppel
Und entlang den Rotdornhecken
Weht der Trab der scheuen Koppel,
Füchse, Braune, Schimmel, Schecken!

Junge Sommermorgen zogen
Weiß davon, sie wieherten.
Wolke warf den Blitz, sie flogen
Voll von Angst hin, galoppierten.

Selten graue Nüstern wittern,
Und dann nähern sie und nicken,
Ihre Augensterne zittern
In den engen Menschenblicken.

Paul Boldt

EINEM OKAPI IM MÜNCHNER ZOO

Daß eine Stahltür sich öffnet, und seinen letzten Käfig
Betritt ein Fabeltier, zitternd, weil es Zeit ist zum Füttern,
Weil der Pfleger nach Hause will und das Publikum lacht,
Steht in keiner der Einhorn-Legenden verzeichnet. Okapi, –
Ein Wort aus den Urwaldsprachen, die niemand mehr spricht.
Zu kurz für Savannen, hat dieser geduldige, rostbraune Hals
Die Strohballen verdient, den vergitterten Schlafstall.
Denn die gerodete Welt wird ihm fremd sein, so fremd
Wie dem zerstreuten Besucher ein kombiniertes Tier,
Halb Giraffe, halb Zebra, und von den kindlichen Schatten,
Den Bilderbuch-Silhouetten beider, gleich weit entfernt.
Noch so ein Wiederkäuer verlorener Zeiten, ein Posten
Am zoologischen Wegrand aufgestellt, wie zur Warnung
Vor der Exotik der Hinterbliebenen, einsam in ihrer Art.

Durs Grünbein

DER SCHÖNE 27. SEPTEMBER

Ich habe keine Zeitung gelesen.
Ich habe keiner Frau nachgesehn.
Ich habe den Briefkasten nicht geöffnet.
Ich habe keinem einen Guten Tag gewünscht.
Ich habe nicht in den Spiegel gesehn.
Ich habe mit keinem über alte Zeiten gesprochen und
mit keinem über neue Zeiten.

Ich habe nicht über mich nachgedacht.
Ich habe keine Zeile geschrieben.
Ich habe keinen Stein ins Rollen gebracht.

Thomas Brasch

DIE FRÜHEN GRÄBER

Willkommen, o silberner Mond,
Schöner, stiller Gefährt' der Nacht!
Du entfliehst? Eile nicht, bleib, Gedankenfreund!
Sehet, er bleibt, das Gewölk wallte nur hin.

Des Maies Erwachen ist nur
Schöner noch, wie die Sommernacht,
Wenn ihm Tau, hell wie Licht, aus der Locke träuft,
Und zu dem Hügel herauf rötlich er kömmt.

Ihre Edleren, ach, es bewächst
Eure Male schon ernstes Moos!
O, wie war glücklich ich, als ich noch mit euch
Sahe sich röten den Tag, schimmern die Nacht!

Friedrich Gottlieb Klopstock

ÜBER DIE HEIDE

Über die Heide hallet mein Schritt;
Dumpf aus der Erde wandert es mit.

Herbst ist gekommen, Frühling ist weit –
Gab es denn einmal selige Zeit?

Brauende Nebel geisten umher,
Schwarz ist das Kraut und der Himmel so leer.

Wär' ich hier nur nicht gegangen im Mai!
Leben und Liebe – wie flog es vorbei!

Theodor Storm

ASTERN

Astern – schwälende Tage,
alte Beschwörung, Bann,
die Götter halten die Waage
eine zögernde Stunde an.

Noch einmal die goldenen Herden
der Himmel, das Licht, der Flor,
was brütet das alte Werden
unter den sterbenden Flügeln vor?

Noch einmal das Ersehnte,
den Rausch, der Rosen Du –
der Sommer stand und lehnte
und sah den Schwalben zu,

noch einmal ein Vermuten,
wo längst Gewißheit wacht:
die Schwalben streifen die Fluten
und trinken Fahrt und Nacht.

Gottfried Benn

HERBSTBILD

Dies ist ein Herbsttag, wie ich keinen sah!
    Die Luft ist still, als atmete man kaum,
Und dennoch fallen raschelnd, fern und nah,
    Die schönsten Früchte ab von jedem Baum.

O stört sie nicht, die Feier der Natur!
    Dies ist die Lese, die sie selber hält,
Denn heute löst sich von den Zweigen nur,
    Was vor dem milden Strahl der Sonne fällt.

Friedrich Hebbel

RUDERN, GESPRÄCHE

Es ist Abend. Vorbei gleiten
Zwei Faltboote, darinnen
Zwei nackte junge Männer: Nebeneinander rudernd
Sprechen sie. Sprechend
Rudern sie nebeneinander.

Bertolt Brecht

LEGENDE VON DER ENTSTEHUNG DES BUCHES TAOTEKING AUF DEM WEG DES LAOTSE IN DIE EMIGRATION

1
Als er Siebzig war und war gebrechlich
Drängte es den Lehrer doch nach Ruh
Denn die Güte war im Lande wieder einmal schwächlich
Und die Bosheit nahm an Kräften wieder einmal zu.
Und er gürtete den Schuh.

2
Und er packte ein, was er so brauchte:
Wenig. Doch es wurde dies und das.
So die Pfeife, die er immer abends rauchte
Und das Büchlein, das er immer las.
Weißbrot nach dem Augenmaß.

3
Freute sich des Tals noch einmal und vergaß es
Als er ins Gebirg den Weg einschlug.
Und sein Ochse freute sich des frischen Grases
Kauend, während er den Alten trug.
Denn dem ging es schnell genug.

4
Doch am vierten Tag im Felsgesteine
Hat ein Zöllner ihm den Weg verwehrt:
«Kostbarkeiten zu verzollen?» – «Keine.»
Und der Knabe, der den Ochsen führte, sprach: «Er hat gelehrt.»
Und so war auch das erklärt.

5
Doch der Mann in einer heitren Regung
Fragte noch: «Hat er was rausgekriegt?»
Sprach der Knabe: «Daß das weiche Wasser in Bewegung
Mit der Zeit den mächtigen Stein besiegt.
Du verstehst, das Harte unterliegt.»

6
Daß er nicht das letzte Tageslicht verlöre
Trieb der Knabe nun den Ochsen an
Und die drei verschwanden schon um eine schwarze Föhre
Da kam plötzlich Fahrt in unsern Mann
Und er schrie: «He, du! Halt an!

7
Was ist das mit diesem Wasser, Alter?»
Hielt der Alte: «Intressiert es dich?»
Sprach der Mann: «Ich bin nur Zollverwalter
Doch wer wen besiegt, das intressiert auch mich.
Wenn du's weißt, dann sprich!

8
Schreib mir's auf! Diktier es diesem Kinde!
So was nimmt man doch nicht mit sich fort.
Da gibt's doch Papier bei uns und Tinte
Und ein Nachtmahl gibt es auch: ich wohne dort.
Nun, ist das ein Wort?»

9
Über seine Schulter sah der Alte
Auf den Mann: Flickjoppe. Keine Schuh.
Und die Stirne eine einzige Falte.
Ach, kein Sieger trat da auf ihn zu.
Und er murmelte: «Auch du?»

10
Eine höfliche Bitte abzuschlagen
War der Alte, wie es schien, zu alt.
Denn er sagte laut: «Die etwas fragen
Die verdienen Antwort.» Sprach der Knabe: «Es wird auch schon kalt.»
«Gut, ein kleiner Aufenthalt.»

11
Und von seinem Ochsen stieg der Weise
Sieben Tage schrieben sie zu zweit.
Und der Zöllner brachte Essen (und er fluchte nur noch leise
Mit den Schmugglern in der ganzen Zeit).
Und dann war's soweit.

12
Und dem Zöllner händigte der Knabe
Eines Morgens einundachtzig Sprüche ein.
Und mit Dank für eine kleine Reisegabe
Bogen sie um jene Föhre ins Gestein.
Sagt jetzt: kann man höflicher sein?

13
Aber rühmen wir nicht nur den Weisen
Dessen Name auf dem Buche prangt!
Denn man muß dem Weisen seine Weisheit erst entreißen.
Darum sei der Zöllner auch bedankt:
Er hat sie ihm abverlangt.

Bertolt Brecht

WO FINDE ICH RUHE?

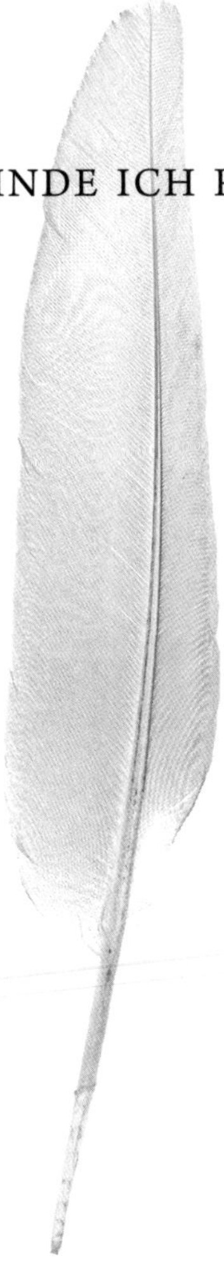

BETRACHTUNG DER ZEIT

Mein sind die Jahre nicht, die mir die Zeit genommen,
Mein sind die Jahre nicht, die etwa möchten kommen
Der Augenblick ist mein, und nehm' ich den in acht
So ist der mein, der Jahr und Ewigkeit gemacht.

Andreas Gryphius

DIE LETZTE ELEKTRISCHE

Alle Straßen liegen leer,
Sterne sind zu Bett gegangen;
und kein Schupo angelt mehr
mit den Armen, mit den langen.
Einsam strahlt Laternenlicht –
Kommt sie – –
oder kommt sie nicht –?

Wenn sie und sie kommt noch mal,
sei gelobt und sei gepriesen!
Bis nach Hause sind's total
zweieinhalb nach Adam Riesen.
Zweieinhalb Stunden bei Dämmerlicht –
Kommt sie – –
(ich sage noch zu Schackelmann: «Schackelmann»,
sag' ich, «noch dreimal rum, dann muß ich aber
gehn, der letzte Wagen fährt mir ja ab!» – nein! –
er wird noch 'ne Partie ansagen ...)
oder kommt sie nicht –?

Dies, o Mensch, ist dein Geschick!
Das Leben ist eine Haltestelle.
Und du mußt mit langem Blick
warten, warten auf alle Fälle:
    Auf das Glück, auf die Karriere,
    auf die Frau, die dich begehre, –
    auf die Rente, auf Bekannte,
    auf den Tod der alten Tante – –
Kalkweiß strahlt dein Lebenslicht.
    Kommt sie – –
    von Herzen, mit Schmerzen, ein klein bißchen,
                                                    fast gar nicht – –
        oder kommt sie nicht –?

Kurt Tucholsky

ICH LEB UND WEISS NIT wie lang,
ich stirb und weiß nit wann,
ich fahr und weiß nit wohin:
Mich wundert, daß ich fröhlich bin.

Magister Martinus

JA, DAS MÖCHT ICH NOCH ERLEBEN

Eigentlich ist mir alles gleich,
Der eine wird arm, der andre wird reich,
Aber mit Bismarck – was wird das noch geben?
Das mit Bismarck, das möcht ich noch erleben.

Eigentlich ist alles soso,
Heute traurig, morgen froh,
Frühling, Sommer, Herbst und Winter,
Ach, es ist nicht viel dahinter.

Aber mein Enkel, soviel ist richtig,
Wird mit nächstem vorschulpflichtig,
Und in etwa vierzehn Tagen
Wird er eine Mappe tragen,
Löschblätter will ich ins Heft ihm kleben –
Ja, das möcht ich noch erleben.

Eigentlich ist alles nichts,
Heute hält's, und morgen bricht's,
Hin stirbt alles, ganz geringe
Wird der Wert der ird'schen Dinge;
Doch wie tief herabgestimmt
Auch das Wünschen Abschied nimmt,
Immer klingt es noch daneben:
Ja, das möcht ich noch erleben.

Theodor Fontane

KLARE KONTUREN. das licht
lag hinter den booten, der hafen

hielt die dämmerung fest und die hügel
traten am anderen ufer auf-

gefaltet vors auge

Nico Bleutge

DIE TAXUSWAND

Ich stehe gern vor dir,
Du Fläche schwarz und rauh,
Du schartiges Visier
Vor meines Liebsten Brau,
Gern mag ich vor dir stehen,
Wie vor grundiertem Tuch,
Und drüber gleiten sehen
Den bleichen Krönungszug;

Als mein die Krone hier,
Von Händen, die nun kalt;
Als man gesungen mir
In Weisen, die nun alt;
Vorhang am Heiligtume,
Mein Paradiesestor,
Dahinter alles Blume,
Und alles Dorn davor.

Denn jenseits weiß ich sie,
Die grüne Gartenbank,
Wo ich das Leben früh
Mit glühen Lippen trank,
Als mich mein Haar umwallte
Noch golden wie ein Strahl,
Als noch mein Ruf erschallte,
Ein Hornstoß, durch das Tal.

Das zarte Efeureis,
So Liebe pflegte dort,
Sechs Schritte – und ich weiß,
Ich weiß dann, daß es fort.
So will ich immer schleichen
Nur an dein dunkles Tuch
Und achtzehn Jahre streichen
Aus meinem Lebensbuch.

Du starrtest damals schon
So düster treu wie heut,
Du, unsrer Liebe Thron
Und Wächter manche Zeit;
Man sagt, daß Schlaf, ein schlimmer,
Dir aus den Nadeln raucht –
Ach, wacher war ich nimmer,
Als rings von dir umhaucht!

Nun aber bin ich matt
Und möcht an deinem Saum
Vergleiten wie ein Blatt,

Geweht vom nächsten Baum;
Du lockst mich wie ein Hafen,
Wo alle Stürme stumm:
O, schlafen möcht ich, schlafen,
Bis meine Zeit herum!

Annette von Droste-Hülshoff

ABSCHIED

O Täler weit, o Höhen,
O schöner grüner Wald,
Du meiner Lust und Wehen
Andächt'ger Aufenthalt!
Da draußen, stets betrogen,
Saus't die geschäft'ge Welt,
Schlag' noch einmal die Bogen
Um mich, du grünes Zelt!

Wenn es beginnt zu tagen,
Die Erde dampft und blinkt,
Die Vögel lustig schlagen,
Daß dir dein Herz erklingt:
Da mag vergehn, verwehen
Das trübe Erdenleid,
Da sollst du auferstehen,
In junger Herrlichkeit!

Da steht im Wald geschrieben,
Ein stilles, ernstes Wort

Von rechtem Tun und Lieben,
Und was des Menschen Hort.
Ich habe treu gelesen
Die Worte schlicht und wahr,
Und durch mein ganzes Wesen
Ward's unaussprechlich klar.

Bald werd' ich dich verlassen,
Fremd in der Fremde geh'n,
Auf buntbewegten Gassen
Des Lebens Schauspiel sehn;
Und mitten in dem Leben
Wird deines Ernst's Gewalt
Mich Einsamen erheben,
So wird mein Herz nicht alt.

Joseph von Eichendorff

ABENDPHANTASIE

Vor seiner Hütte ruhig im Schatten sitzt
Der Pflüger, dem Genügsamen raucht sein Herd.
Gastfreundlich tönt dem Wanderer im
Friedlichen Dorfe die Abendglocke.

Wohl kehren izt die Schiffer zum Hafen auch,
In fernen Städten, fröhlich verrauscht des Markts
Geschäft'ger Lärm; in stiller Laube
Glänzt das gesellige Mahl den Freunden.

Wohin denn ich? Es leben die Sterblichen
Von Lohn und Arbeit; wechselnd in Müh' und Ruh'
Ist alles freudig; warum schläft denn
Nimmer nur mir in der Brust der Stachel?

Am Abendhimmel blühet ein Frühling auf;
Unzählig blühn die Rosen und ruhig scheint
Die goldne Welt; o dorthin nimmt mich
Purpurne Wolken! und möge droben

In Licht und Luft zerrinnen mir Lieb' und Laid! –
Doch, wie verscheucht von thöriger Bitte, flieht
Der Zauber; dunkel wirds und einsam
Unter dem Himmel, wie immer, bin ich –

Komm du nun, sanfter Schlummer! zu viel begehrt
Das Herz; doch endlich, Jugend! verglühst du ja,
Du ruhelose, träumerische!
Friedlich und heiter ist dann das Alter.

Friedrich Hölderlin

MAN SOLLTE SCHLAFEN GEHN

Man sollte etwas früher schlafen gehn …
Und anstatt dessen wird es immer später.
Sehr viele gibt es, die das nicht verstehn,
Doch mancher sagt mir auch: ja, das versteht er. –

Man macht nichts mehr; man trödelt bloß so rum ...
Man sollte endlich seine Briefe schreiben.
Doch plötzlich ist die Zeit dann wieder um;
Man hat nicht Lust; man läßt es wieder bleiben.

Die tiefe Nacht sieht Dich vertraulich an;
Man raucht schon wieder eine Zigarette.
Man hat ja schließlich seine Pflicht getan,
Was tut man jetzt? – Nichts mehr, man geht zu Bette.

Man tut es nicht; man fühlt sich so privat ...
Und eigentlich wird man jetzt richtig munter.
Die Tage sind doch manchmal desperat ...
Man ist auch mit den Nerven runter. –

Man hört: die Leute oben geh'n zur Ruh.
(Die Frau mit ihrem Tritt bringt mich zum Rasen!)
Was noch? Ja, richtig, ist der Gashahn zu?
Und in die Küche mit den Blumen-Vasen!

Ist's Licht aus? Und die Türe zugemacht? –
Man muß, weiß Gott, nach allem selber sehn ...
Worüber hab' ich heute so gelacht? –
Ich weiß nicht mehr; – man sollte schlafen gehn.

Lessie Sachs

SIE SCHLÄFT

Morgens, vom letzten Schlaf ein Stück,
nimm mich ein bißchen mit –
auf deinem Traumboot zu gleiten ist Glück –
die Zeituhr geht ihren harten Schritt ...
    pick-pack ...

«Sie schläft mit ihm» ist ein gutes Wort.
Im Schlaf fließt das Dunkle zusammen.
Zwei sind keins. Es knistern die kleinen Flammen,
– aber dein Atem fächelt immerfort.
Ich bin aus der Welt. Ich will nie wieder in sie zurück –
jetzt, wo du nicht bist, bist du ganz mein.
Morgens, im letzten Schlummer ein Stück,
kann ich dein Gefährte sein.

Kurt Tucholsky

BETT-PHILOSOPHIE

Wie sagte schon Kant? Oder war es Voltaire?
Hätte das Leben den mindesten Sinn,
dann wäre das Sterben für uns ein Gewinn,
und unsere Angst vor dem Sterben wär nichts als eine
Chimäre,
weil ja das Sterben dann kein Sterben eigentlich wäre,
sondern Permutation, ein Erfolg der Natur, ein Streben
nach mehr,
das wußte schon Kant. Oder war es Voltaire?

Und der alte Vergil – oder wars Sigmund Freud? –
sagte: Das Leben, dem Menschen zum Trotz,
ist nichts als das Wort eines anderen Gotts.
Es gibt weder Todesbeweis noch Beweis eines
Lebensbeginnes.
Der einzige Sinn des Lebens ist Abwesenheit jedes Sinnes.
Das Leben ist tot, ein konfuses Getümmel, gequirlter Quark.
So sprach schon Horaz. Oder war es Lamarque?

Befasse dich einmal mit Gnosis!
Bald wirst du merken, was los is,
nämlich, daß unsere Welt einfach zu groß is.
Im Gegensatz dazu sieht Newton
fast immer das Schlechte im Guten.
Die rein mechanistische Welt widerlegt jeder Baum.
Das Leben ist Traum,
das sagt schon Rousseau.
Oder wars Diderot?
Und sogar schon Euklid,
nein, ich glaube Descartes, ja Descartes –
sagte zwar: Cogito ergo sum.
Aber er wußte, im Grund ist das dumm
und beweist überhaupt nichts, außer der Tatsache, daß wir
nichts wissen.

Sogar schon Pascal
oder war es Lassalle –
fand das Leben beschissen.
Man ist nur Marionette,
außer im Bette,

da ist man noch wer.
Das sagt auch Pasteur –
oder war es Flaubert –
oder wars Lafayette?
Also gehn wir zu Bett!

Georg Kreisler

LANGSCHLÄFERS MORGENLIED

Der Wecker surrt. Das alberne Geknatter
Reißt mir das schönste Stück des Traums entzwei.
Ein fleißig Radio übt schon sein Geschnatter.
Pitt äußert, daß es Zeit zum Aufstehn sei.

Mir ist vor Frühaufstehern immer bange.
... Das können keine wackern Männer sein:
Ein guter Mensch schläft meistens gern und lange.
– Ich bild mir diesbezüglich etwas ein ...

Das mit der goldgeschmückten Morgenstunde
Hat sicher nur das Lesebuch erdacht.
Ich ruhe sanft. – Aus einem kühlen Grunde:
Ich hab mir niemals was aus Gold gemacht.

Der Wecker surrt. Pitt malt in düstern Sätzen
Der Faulheit Wirkung auf den Lebenslauf.
Durchs Fenster hört man schon die Autos hetzen.
– Ein warmes Bett ist nicht zu unterschätzen.
... Und dennoch steht man alle Morgen auf.

Mascha Kaléko

LOB DER FAULHEIT

Faulheit, jetzo will ich dir
Auch ein kleines Loblied bringen. –
O – – wie – – sau – – er – – wird es mir, – –
Dich – – nach Würden – – zu besingen!
Doch, ich will mein Bestes tun,
Nach der Arbeit ist gut ruhn.

Höchstes Gut! wer dich nur hat,
Dessen ungestörtes Leben – –
Ach! – – ich – – gähn' – – ich – – werde matt – –
Nun – – so – – magst du – – mirs vergeben,
Daß ich dich nicht singen kann;
Du verhinderst mich ja dran.

Gotthold Ephraim Lessing

GRÜNDER

Geschäftig sind die Menschenkinder,
Die große Zunft von kleinen Meistern,
Als Mitbegründer, Miterfinder
Sich diese Welt zurechtzukleistern.

Nur leider kann man sich nicht einen,
Wie man das Ding am besten mache.
Das Bauen mit belebten Steinen
Ist eine höchst verzwickte Sache.

Welch ein Gedrängel, und Getriebe
Von Lieb und Haß bei Nacht und Tage,
Und unaufhörlich setzt es Hiebe,
Und unaufhörlich tönt die Klage.

Gottlob, es gibt auch stille Leute,
Die meiden dies Gewühl und hassen's
Und bauen auf der andern Seite
Sich eine Welt des Unterlassens.

Wilhelm Busch

EIN ALTER TIBETTEPPICH

Deine Seele, die die meine liebet,
Ist verwirkt mit ihr im Teppichtibet.

Strahl in Strahl, verliebte Farben,
Sterne, die sich himmellang umwarben.

Unsere Füße ruhen auf der Kostbarkeit
Maschentausendabertausendweit.

Süßer Lamasohn auf Moschuspflanzenthron
Wie lange küßt dein Mund den meinen wohl
Und Wang die Wange buntgeknüpfte Zeiten schon?

Else Lasker-Schüler

NACH HAUSE KOMMEN

öffnet die tür sich
lacht sich entgegen
umarmt sich
küßt sich
springt an sich hoch als das kind
springt an sich hoch als der hund
streichelt sich den kopf
nimmt die tasche sich aus der hand
hilft sich aus dem mantel
erzählt sich was alles war draußen
hört sich zu wie alles war zuhaus

Ernst Jandl

ALLES IST VOLLKOMMEN!

Mensch, nichts ist unvollkomm'n;
der Kies gleicht dem Rubin;
Der Frosch ist ja so schön als Engel Seraphin.

Angelus Silesius

DEN 22. JUNI 1761, MORGENS 7 UHR

Freund, zeichne diesen Tag mit einem größern Strich!
Er war doch ganz für Dich und mich!
Wir wandelten im Hain und hörten Vögel singen
In dicken Fichten, wo der Mann das Weibchen hascht.
Gut war's, daß über uns nicht Edens Äpfel hingen!
Indem wir Hand an Hand durch das Gebüsche gingen,
Da hätten Du und ich genascht
Und im Entzücken nicht die Folge von dem Bissen
Nur einen Augenblick bedacht.
So hat es Eva einst gemacht,
So machen's heute noch Verliebte, die sich küssen.
Bald werd ich nichts zu schwatzen wissen,
Als ewig von dem Kuß. Und meiner Mutter Mann,
Durch den ich ward, ist schuld daran,
Daß ich so gern von Küssen sing und sage,
Denn er verküßte sich des Lebens schwere Plage.
Allein ich wende mich nun wieder zu dem Tage,
Von dem ich reden will, schreib ihn mit goldnen Strich!
Er war doch ganz für Dich und mich!

Anna Louisa Karsch

LYNKEUS DER TÜRMER

Zum Sehen geboren,
zum Schauen bestellt,
dem Turme geschworen,

gefällt mir die Welt.
Ich blick' in die Ferne,
ich seh' in der Näh
den Mond und die Sterne,
den Wald und das Reh.
So seh' ich in allen
die ewige Zier,
und wie mir's gefallen,
gefall' ich auch mir.
Ihr glücklichen Augen,
was je ihr gesehn,
es sei, wie es wolle,
es war doch so schön!

Johann Wolfgang Goethe

EINEN JENER KLASSISCHEN

schwarzen Tangos in Köln, Ende des
Monats August, da der Sommer schon

ganz verstaubt ist, kurz nach Laden
Schluß aus der offenen Tür einer

dunklen Wirtschaft, die einem
Griechen gehört, hören, ist beinahe

ein Wunder: für einen Moment eine
Überraschung, für einen Moment

Aufatmen, für einen Moment
eine Pause in dieser Straße,

die niemand liebt und atemlos
macht, beim Hindurchgehen. Ich

schrieb das schnell auf, bevor
der Moment in der verfluchten

dunstigen Abgestorbenheit Kölns
wieder erlosch.

Rolf Dieter Brinkmann

SEHNSUCHT

Es schienen so golden die Sterne,
Am Fenster ich einsam stand
Und hörte aus weiter Ferne
Ein Posthorn im stillen Land.
Das Herz mir im Leib entbrennte,
Da hab' ich mir heimlich gedacht:
Ach wer da mitreisen könnte
In der prächtigen Sommernacht!

Zwei junge Gesellen gingen
Vorüber am Bergeshang,
Ich hörte im Wandern sie singen
Die stille Gegend entlang:

Von schwindelnden Felsenschlüften,
Wo die Wälder rauschen so sacht,
Von Quellen, die von den Klüften
Sich stürzen in die Waldesnacht.

Sie sangen von Marmorbildern,
Von Gärten, die über'm Gestein
In dämmernden Lauben verwildern,
Palästen im Mondenschein,
Wo die Mädchen am Fenster lauschen,
Wann der Lauten Klang erwacht
Und die Brunnen verschlafen rauschen
In der prächtigen Sommernacht. –

Joseph von Eichendorff

DAS LETZTE MAL

… Den Abend werde ich wohl nie vergessen,
Denn mein Gedächtnis ist oft sehr brutal.
Du riefst: ‹Auf Wiedersehn›. Ich nickte stumm. – Indessen
Ich wußte: dieses war das letzte Mal.

Als ich hinaustrat, hingen ein paar Sterne
Wie tot am Himmel. Glanzlos kalt wie Blech.
Und eine unscheinbare Gaslaterne
Stach in die Augen unbekümmert frech.

Ich fühlte deinen Blick durch Fensterscheiben.
Er ging noch manche Straße mit mir mit.

– Jetzt gab es keine Möglichkeit zu bleiben.
Die Zahl ging auf. Wir waren beide quitt.

Da lebt man nun zu zweien so daneben …
Was bleibt zurück? – Ein aufgewärmter Traum
Und außerdem ein unbewohnter Raum
In unserm sogenannten Innenleben.

Das ist ein neuer Abschnitt nach drei Jahren,
– Hab ich erst kühl und sachlich überlegt.
Dann bin ich mit der Zwölf nach Haus gefahren
Und hab mich schweigend in mein Bett gelegt …

Ich weiß, mir ging am 4. Januar
Ein ziemlich guterhaltnes Herz verloren.
– Und dennoch: Würd ich noch einmal geboren,
Es käme alles wieder, wie es war …

Mascha Kaléko

DER ALTE BRUNNEN

Lösch aus dein Licht und schlaf! Das immer wache
Geplätscher nur des alten Brunnens tönt.
Wer aber Gast war unter meinem Dache,
hat sich stets bald an diesen Ton gewöhnt.

Zwar kann es einmal sein, wenn du schon mitten
im Traume bist, daß Unruh' geht ums Haus,

der Kies beim Brunnen knirscht von harten Tritten,
das helle Plätschern setzt auf einmal aus,

und du erwachst, – dann mußt du nicht erschrecken!
Die Sterne stehn vollzählig überm Land,
und nur ein Wandrer trat ans Marmorbecken,
der schöpft vom Brunnen mit der hohlen Hand.

Er geht gleich weiter. Und es rauscht wie immer.
O freue dich, du bleibst nicht einsam hier.
Viel Wandrer gehen fern im Sternenschimmer,
und mancher noch ist auf dem Weg zu dir.

Hans Carossa

WANDRERS NACHTLIED

Der du von dem Himmel bist,
Alles Leid und Schmerzen stillest,
Den, der doppelt elend ist,
Doppelt mit Erquickung füllest,
Ach! ich bin des Treibens müde!
Was soll all der Schmerz und Lust?
Süßer Friede!
Komm, ach komm in meine Brust!

Johann Wolfgang Goethe

EIN GLEICHES

Über allen Gipfeln
Ist Ruh',
In allen Wipfeln
Spürest Du
Kaum einen Hauch;
Die Vögelein schweigen im Walde.
Warte nur! Balde
Ruhest du auch.

Johann Wolfgang Goethe

EMPFÄNGER UNBEKANNT – RETOUR À L'EXPÉDITEUR

Vielen Dank für die Wolken.
Vielen Dank für das Wohltemperierte Klavier
und, warum nicht, für die warmen Winterstiefel.
Vielen Dank für mein sonderbares Gehirn
und für allerhand andre verborgne Organe,
für die Luft, und natürlich für den Bordeaux.
Herzlichen Dank dafür, daß mir das Feuer nicht ausgeht,
und die Begierde, und das Bedauern, das inständige Bedauern.
Vielen Dank für die vier Jahreszeiten,
für die Zahl e und für das Koffein,
und natürlich für die Erdbeeren auf dem Teller,
gemalt von Chardin, sowie für den Schlaf,

für den Schlaf ganz besonders,
und, damit ich es nicht vergesse,
für den Anfang und das Ende
und die paar Minuten dazwischen
inständigen Dank,
meinetwegen für die Wühlmäuse draußen im Garten auch.

Hans Magnus Enzensberger

MONDNACHT

Es war, als hätt' der Himmel
Die Erde still geküßt,
Daß sie im Blüten-Schimmer
Von ihm nun träumen müßt'.

Die Luft ging durch die Felder,
Die Ähren wogten sacht,
Es rauschten leis die Wälder,
So sternklar war die Nacht.

Und meine Seele spannte
Weit ihre Flügel aus,
Flog durch die stillen Lande,
Als flöge sie nach Haus.

Joseph von Eichendorff

AN DIE PARZEN

Nur Einen Sommer gönnt, ihr Gewaltigen!
Und einen Herbst zu reifem Gesange mir,
Daß williger mein Herz, vom süßen
Spiele gesättiget, dann mir sterbe.

Die Seele, der im Leben ihr göttlich Recht
Nicht ward, sie ruht auch drunten im Orkus nicht;
Doch ist mir einst das Heil'ge, das am
Herzen mir liegt, das Gedicht, gelungen,

Willkommen dann, o Stille der Schattenwelt!
Zufrieden bin ich, wenn auch mein Saitenspiel
Mich nicht hinab geleitet; Einmal
Lebt ich, wie Götter und mehr bedarfs nicht.

Friedrich Hölderlin

IN DIE DÄMMERUNG

ich will nicht aufhören
in die dämmerung hinein
zu schreiben

zeilen die zerfallen
und zeilen die hängenbleiben
eine kleine weile

an einzelnen blättern
in einzelnen büchern
in einzelnen gedächtnissen

so hätte ich mich
gern wiedererlebt
nach den kommenden finsternissen

Ernst Jandl

BEI DEM GRABE MEINES VATERS

Friede sei um diesen Grabstein her!
Sanfter Friede Gottes! Ach, sie haben
Einen guten Mann begraben,
Und mir war er mehr;

Träufte mir von Segen, dieser Mann,
Wie ein milder Stern aus bessern Welten!
Und ich kann's ihm nicht vergelten,
Was er mir getan.

Er entschlief; sie gruben ihn hier ein.
Leiser, süßer Trost, von Gott gegeben,
Und ein Ahnden von dem ew'gen Leben
Düft um sein Gebein!

Bis ihn Jesus Christus, groß und hehr!
Freundlich wird erwecken – – ach, sie haben
Einen guten Mann begraben,
Und mir war er mehr.

Matthias Claudius

GEDÄCHTNISFEIER

Keine Messe wird man singen,
Keinen Kadosch wird man sagen,
Nichts gesagt und nichts gesungen
Wird an meinen Sterbetagen.

Doch vielleicht an solchem Tage,
Wenn das Wetter schön und milde,
Geht spazieren auf Montmartre
Mit Paulinen Frau Mathilde.

Mit dem Kranz von Immortellen
Kommt sie mir das Grab zu schmücken,
Und sie seufzet: Pauvre homme!
Feuchte Wehmut in den Blicken.

Leider wohn ich viel zu hoch,
Und ich habe meiner Süßen
Keinen Stuhl hier anzubieten;
Ach! sie schwankt mit müden Füßen.

Süßes, dickes Kind, du darfst
Nicht zu Fuß nach Hause gehen;
An dem Barrieregitter
Siehst du die Fiaker stehen.

Heinrich Heine

AUFERSTEHUNG

Manchmal stehen wir auf
Stehen wir zur Auferstehung auf
Mitten am Tage
Mit unserem lebendigen Haar
Mit unserer atmenden Haut.

Nur das Gewohnte ist um uns.
Keine Fata Morgana von Palmen
Mit weidenden Löwen
Und sanften Wölfen.

Die Weckuhren hören nicht auf zu ticken
Ihre Leuchtzeiger löschen nicht aus.

Und dennoch leicht
Und dennoch unverwundbar
Geordnet in geheimnisvolle Ordnung
Vorweggenommen in ein Haus aus Licht.

Marie Luise Kaschnitz

Rechtenachweise

Ingeborg Bachmann «freies geleit (Aria II)» Mit freundlicher Genehmigung Schott Music, Mainz

Jürgen Becker aus: Gesammelte Gedichte. 1971–2022 © Suhrkamp Verlag AG, Berlin, 2022. Alle Rechte bei und vorbehalten durch Suhrkamp Verlag Berlin AG © Literarisches Colloquium Berlin 1971

Gottfried Benn «Astern» aus: Statische Gedichte © 1948, 2006, 2021 Atrium Verlag AG, Imprint Arche Literatur Verlag, Zürich; «Das sind doch Menschen», «Menschen getroffen» aus: Sämtliche Gedichte in einem Band © 1998 Klett-Cotta – J. G. Cotta'sche Buchhandlung Nachfolger GmbH, Stuttgart

Wolf Biermann © Wolf Biermann

Nico Bleutge aus: klare konturen. das licht. Gedichte © Verlag C.H.Beck oHG, München 2006

Thomas Brasch aus: Die nennen das Schrei. Gesammelte Gedichte. Hg. und mit einem Nachwort versehen von Martina Hanf und Kristin Schulz © Suhrkamp Verlag Berlin 2013. Alle Rechte bei und vorbehalten durch Suhrkamp Verlag Berlin AG

Bertolt Brecht aus: Die Gedichte © Suhrkamp Verlag Frankfurt a. M. 1981. Alle Rechte bei und vorbehalten durch Suhrkamp Verlag Berlin AG

Über den Herausgeber

Dirk von Petersdorff ist Professor für Neuere deutsche Literatur an der Universität Jena und einer der besten Kenner der deutschsprachigen Lyrik. Zudem ist er Schriftsteller und Lyriker und wurde unter anderem mit dem Kleist-Preis ausgezeichnet. Er ist Herausgeber des C.H.Beck'schen Gedichtekalenders und Autor der «Geschichte der deutschen Lyrik» in C.H.Beck Wissen. Zuletzt sind von ihm bei C.H.Beck der Gedichtband «Unsere Spiele enden nicht» und die Novelle «Gewittergäste» erschienen sowie die von ihm herausgegebene Neuausgabe des «Ewigen Brunnen».